Conseil éditorial : Pascale Senk
Édition : Karine Barou
Correction : Pascale Braud
Maquette : Évelyne Nobre
Illustrations : Fotolia , Hung Ho Thanh (la clé Solution)

29, boulevard Raspail
75007 Paris – France
E-mail : info@editionsleduc.com
ISBN : 979-10-285-1185-2

Jean-Luc Hudry

ÇA VA COMME UN SAMEDI... MÊME LE LUNDI !

LEDUC.S PRATIQUE

Sommaire

Préface
de Philippe Croizon

Quand Jean-Luc Hudry m'a demandé de préfacer son ouvrage dédié à l'optimisme, je n'ai pas hésité une seule seconde et j'ai dit « oui » dans la minute où il me proposait d'écrire ce texte. D'abord parce que je ne sais pas dire « non » ! Et puis, bien sûr, parce que l'optimisme, c'est ma première nature. Malgré les épreuves que j'ai affrontées au cours de ma vie, j'ai toujours été optimiste. Alors j'ai dit « oui », car c'est un projet génial de parler de ce thème et d'aider les gens à changer leurs réflexes pessimistes en optimistes.

Finalement, dans ma vie, je n'ai eu qu'un gros passage à vide, quand j'ai vu le médecin après mon accident*. Là, effectivement, j'ai accusé le coup. Mais sinon, je me dis

* En 1994, en démontant l'antenne de télévision sur le toit de ma maison, j'ai été touché par une ligne électrique à haute tension et j'ai dû être amputé de mes quatre membres.

toujours que ce n'est pas grave. Ça sera mieux après ! Je me suis d'ailleurs rendu compte qu'à chaque fois que j'ai eu de grosses galères, eh bien je rebondissais toujours beaucoup mieux ensuite, j'allais toujours plus loin que ce que j'aurais cru. À chaque fois, c'était même mieux qu'avant tout ce que j'avais dû dépasser. Comme quoi, quand on est dans une démarche de vie fondée sur l'optimisme, on attire ce que j'appelle le « positivisme » : les belles choses arrivent naturellement à soi.

L'optimisme, c'est avant tout partager. J'adore le faire, que ce soit avec mes proches ou, plus largement, avec ceux que je rencontre au gré de mes interventions. Il n'y a qu'à demander à mes enfants avec lesquels je partage énormément, voire trop, car parfois je dois bien reconnaître qu'ils n'en peuvent plus ! Eh oui, je ne peux pas aller au cinéma tout seul : il faut que je partage avec eux le plaisir de voir un film pour en parler après et échanger nos impressions ! Et bien sûr, j'aime partager avec le plus grand nombre, d'où les nombreux voyages que je fais tout au long de l'année, pour aller à la rencontre des autres.

L'optimisme, ça me permet aussi d'affronter les petits tracas de la vie courante. Ça m'aide à prendre le recul nécessaire pour ne pas me laisser envahir par le pessimisme ambiant. Par exemple, je reviens de Biarritz et à l'aéroport, en raison de plusieurs vols annulés, j'étais entouré de gens en colère. Alors, pour désamorcer un peu la tension, je demande tout haut : « C'est à quelle heure que l'on mange ?! » Et là, tout le monde se met à sourire et commence à se détendre.

J'ai constaté un phénomène étrange en France. Tous les cinq ans, avec l'élection présidentielle, une vague d'espoir surgit. Tout le monde se sent porté mais, tel un soufflé, cette énergie et l'espoir de changer les choses retombent aussi vite qu'ils ont monté. L'engouement pour le nouveau président, aussi vite qu'il a été porté aux nues, retombe peu à peu à une vitesse phénoménale.

Et j'ai aussi remarqué que si je demande à un citoyen lambda comment il va, il me répondra que tout va bien : « Boulot, famille, santé, tout va bien ! » Mais si la même personne se trouve sur son lieu de travail, à côté de ses collègues, et que je lui demande comment ça va, alors là, c'est une litanie de « Ça va pas ! », « On devrait changer ça, etc. ». Bref, à l'écouter, tout fout le camp et c'est *no futur* ! C'est comme ça que l'on se retrouve à vivre dans une société où tout le monde se pose en victime et se plaint. Mais en fait, on se plaint de quoi ?! Il n'y a pas à dire : on a tout ! Vraiment tout ! Et on trouve en plus le moyen d'être pessimiste ! En fait, ce réflexe vient du fait que l'on nous éduque à être pessimistes. On nous impose du pessimisme dans les infos, dans la presse… ça devient culturel et c'est ainsi que notre société se retrouve avec 90 % de personnes pessimistes et seulement 10 % d'optimistes, dont heureusement je fais partie. Chacun a en soi cette petite flamme d'optimisme, mais pris collectivement, on est le pays le plus pessimiste au monde ! On se crée cette réalité et j'irai même plus loin : c'est culturel de ne plus réussir à voir les belles choses et c'est tellement triste ! Finalement, on attend des autres le déclic alors que chacun l'a en soi et peut faire bouger les choses en s'unissant aux autres.

En fait, je pense que l'on est en manque de héros en temps de paix. On a la chance de vivre dans un pays extraordinaire, où l'on profite de beaucoup de choses. Mais on vit dans un pessimisme ambiant, que l'on entretient. On crée notre malheur et c'est devenu normal et constitutif. Et quand on rencontre quelqu'un comme moi, qui a vécu quelque chose hors du commun, alors on prend enfin conscience que l'on vit dans un pays extraordinaire et que tout est en nous. On a donc vraiment besoin de héros en temps de paix pour montrer cette voie-là et changer de regard.

Tout est question de point de vue. Par exemple, je suis allé en Papouasie-Nouvelle-Guinée et là-bas, il y a une générosité extraordinaire, un optimisme et une foi en la vie à toute épreuve, alors que la population n'a rien et vit dans des conditions très difficiles. Je me souviens du jour où j'étais sur un marché avec mon équipe et voilà que les personnes présentes sur le marché se mettent à me donner de l'argent. Chacun m'en apporte et même si je refuse, ils insistent. Une vieille dame m'explique : « Tu es handicapé, il faut t'aider ! » C'est aussi simple que ça : je suis handicapé et elle ne l'est pas, donc elle doit m'aider en me donnant un billet, ce qui représente beaucoup d'argent pour elle... Ensuite, je vais visiter une maison où vivent neuf enfants handicapés. Une centaine de personnes se relaient naturellement pour s'occuper d'eux. Finalement, je leur donnerai l'argent récolté sur le marché. Une vraie leçon de vie sur ce que l'on a, ce qu'on donne et comment on envisage le don à l'autre et donc à soi... Là-bas, tout le monde est très heureux, il y règne une paix incroyable.

C'est sûr que quand je suis sur un marché en France, ce n'est pas le même retour ! Dans notre société, on a tout pour être heureux mais on ne s'en rend plus compte, car on le considère comme acquis. Il est devenu naturel d'avoir tout, Sécurité sociale, santé, transports, etc., mais on a oublié l'essentiel, à savoir que l'on est en vie avec d'autres personnes. Pire, notre conscience collective est plutôt en mode « Demain ne peut être que pourri ! ». Nous, on a tout et c'est naturel, donc ça ne peut que s'écrouler. Eux, ils n'ont rien, donc demain ne peut être que meilleur. Ils voient l'avenir en couleur optimiste.

Mais pourquoi a-t-on autant de mal à devenir optimiste ? Je pense que le pessimisme est vu comme plus « viril » que l'optimisme. C'est donc très difficile de rendre quelqu'un optimiste. C'est un combat de faire comprendre que l'on peut être heureux et optimiste, que ce n'est pas interdit. Nous pouvons croire en l'avenir et participer à la construction d'un monde meilleur, notamment avec nos enfants. Les enfants sont dans l'instant présent et l'on peut leur transmettre cette foi en l'avenir.

Je cite souvent cette enquête américaine qui a été menée auprès de personnes en fin de vie. À la question « Quel est votre plus gros regret ? », 85 % des personnes ont répondu qu'elles n'ont pas réalisé leur rêve, ce qui est tout simplement… dramatique ! Les personnes vont partir et elles n'ont pas réalisé leur rêve… Moi, c'est quoi mon meilleur souvenir ? C'est demain ! Mon slogan, celui qui est inscrit au plus profond de moi et qui m'anime chaque jour, à chaque seconde, c'est : « Tout est possible ! »

Quand je suis intervenu au Printemps de l'optimisme, je ne savais pas que je l'étais ! J'étais un optimiste qui s'ignore ! C'est donc au Printemps que j'ai fait mon « *coming out* optimiste » ! J'étais un ambassadeur sans le savoir ! On me dit souvent que je « transpire » l'optimisme, que je le communique aux autres. Pour moi, c'est naturel et je suis heureux de participer chaque jour à transmettre « ce virus » positif qui peut changer notre société.

Alors, avec Jean-Luc, qui a lui aussi forgé son optimisme en vivant une histoire hors du commun, on vous invite à nous rejoindre pour développer le cercle des optimistes ! Et à appliquer les 25 solutions concrètes de ce livre pour mieux vivre votre vie personnelle et professionnelle.

Ah oui, au fait, nous sommes nés le même jour... cela ne s'invente pas !

Philippe Croizon

Introduction

L'optimisme concret est comme une maison : il se construit pierre par pierre, en commençant par les fondations.

Félicitations ! En décidant d'appliquer les 25 solutions de ce livre, vous faites un pas décisif vers le mieux-être dans votre vie personnelle et professionnelle. À votre rythme, construisez donc votre optimisme, étape par étape, du niveau 1 au niveau 3 :

Niveau 1 : vous appliquez de 1 à 5 solutions, vous êtes un(e) optimiste engagé(e).

Niveau 2 : de 6 à 17 solutions, vous êtes un(e) optimiste confirmé(e).

Niveau 3 : de 18 à 25 solutions, waouhhhh… Vous êtes au top de l'optimisme !

Défi personnel ou simple envie d'avancer, l'important est de prendre plaisir à vous forger ces réflexes positifs et stimulants. Et comme l'optimiste agit pour peser sur les choses, c'est maintenant à vous de jouer.

Vous allez progresser, je suis… très optimiste !

Jean-Luc Hudry
www.jeanluchudry.com
contact@jeanluchudry.com

« ON T'APPELLE QUAND ON EST BIEN ARRIVÉS »

LE SCÉNARIO HABITUEL

C'est la fin des vacances. Jean-Pierre, Sylvie et leurs trois enfants vont prendre la route, chargés comme des baudets avec chien, valises, vélos et planches de surf. Neuf cents kilomètres à parcourir pour rentrer chez eux. Voici l'heure des adieux.

— Ne t'inquiète pas, maman, on t'appelle une fois à la maison, dit Jean-Pierre.

— Pleure pas, mamie, c'est moi qui te dirai qu'on est bien arrivés, souffle Oscar, 9 ans, à l'oreille de sa grand-mère.

— Merci, mon chéri, j'attends ton coup de fil, tu ne m'oublies pas ?

— Promis, mamie.

La voiture passe le portail du jardin et s'éloigne tandis que Danielle, 80 ans, agite le bras en signe d'adieu tout en essuyant ses larmes. Pour elle commence une journée doublement douloureuse : son fils et sa famille la quittent pour plusieurs mois, et ils prennent la route… celle de tous les dangers.

Chaque année, Danielle s'inquiète. Un peu, beaucoup, énormément, jusqu'à ce que l'équipage arrive à bon port. Pourtant elle connaît comme sa poche le parcours et le déroulement du voyage de Jean-Pierre : une heure pour rejoindre l'autoroute, une pause pipi deux heures et demie plus tard, puis trois quarts d'heure pour déjeuner et se dégourdir les jambes, quinze minutes d'arrêt pour prendre de l'essence après le premier péage (les parents en profiteront pour faire la leçon à Oscar et Clémentine qui ne cessent de se chamailler), et ainsi de suite.

Danielle sait même que Sylvie mettra la clé dans la porte de l'appartement entre 20 h 15 et 20 h 25 et que deux minutes suffiront ensuite à Oscar pour se précipiter sur le téléphone et l'appeler.

Mais cette fois-ci rien ne se passe comme prévu.

21 heures : Le téléphone reste muet. Danielle s'inquiète : *Que se passe-t-il? Ils devraient être arrivés depuis au moins trente-cinq minutes.* Au journal télévisé, le présentateur a parlé d'embouteillages sur les routes en ce jour de retour de vacances et montré les inévitables images de carambolages. Alors, Danielle revoit son minutage à la hausse : elle ajoute dix minutes pour l'arrivée sur l'autoroute, cinq minutes supplémentaires pour l'arrêt pipi, un bon quart d'heure en plus pour le ravitaillement, etc. Mais, même en comptant large, Jean-Pierre devrait être arrivé depuis au moins vingt bonnes minutes! L'imagination de la vieille dame s'emballe. D'abord, elle pense à une crevaison. Hypothèse qui rapidement se dégonfle… au profit d'une panne de moteur. Elle visualise sans peine ses cinq « chéris », un gilet jaune fluo sur le dos, attendant sur la bande d'arrêt d'urgence l'arrivée de la dépanneuse. 21 h 40 : Toujours pas de nouvelles. L'angoisse remplace l'inquiétude. Pas de doute, Jean-Pierre et sa famille ont eu un accident. Elle décide d'appeler leur mobile. S'y reprenant à plusieurs fois, elle compose les dix chiffres d'une main tremblante. Après cinq interminables sonneries, la messagerie s'enclenche : « Bonjour, nous sommes absents pour le moment, mais laissez-nous un message après le bip… » Danielle raccroche, le souffle court, sans avoir pu articuler un mot. Ils sont gravement blessés, c'est sûr. Ou pire? 22 h 15 : Driing! Le cœur battant à deux cents à l'heure, Danielle décroche le combiné.

— Mamie, c'est Oscar, excuse-nous mais… euh… c'est bon, on est à la maison…

— Mais que faisiez-vous ? Vous avez deux heures de retard, j'étais morte d'inquiétude !

— Ben, tu sais, mamie, c'est les parents, en prenant de l'essence, ils ont rencontré Tom et Julia qu'ils n'avaient pas vus depuis que j'étais tout petit, alors on a mangé ensemble. En plus, le portable était en panne, alors... c'est pour ça... on est rentrés plus tard mais c'est bon, on est bien arrivés.

Cette scène vous parle ? Cela n'est guère étonnant. Qui, en effet, n'a jamais dit à un proche : « On t'appelle quand on est bien arrivés » ?

Prononcés avec la louable intention de rassurer ceux à qui l'on s'adresse (famille, amis, collègues), ces quelques mots sont en réalité de redoutables « brise-confiance » et engendrent une source inépuisable de stress négatif.

Pourquoi ? Dans le cas présent, on prononce ces mots pour éteindre une inquiétude liée aux transports, et aux risques encourus pour ceux qui les empruntent. Voiture, train, bateau, avion, moto... Arrivera-t-on sain et sauf puisqu'on prévoit d'avertir que tout s'est bien passé ? Se poser la question, c'est suggérer qu'il puisse en être autrement

Bref, avec le fameux coup de fil « de la délivrance », on cultive un pessimisme chronique, source de bien des maux. Voyons-les ensemble.

Le réflexe pessimiste : « On t'appelle quand on est bien arrivés. »

Dans l'absolu, tout peut évidemment se produire. Un accident est si vite arrivé, dit la sagesse (?) populaire. Soit. Pour vous rassurer, commencez par lire l'encadré p. 22, qui tord le cou à quelques idées reçues sur la sécurité en voiture et en avion.

Soyons objectif : chaque fois que Jean-Pierre ou Sylvie embarque les enfants et son conjoint en voiture, ses chances de ne pas arriver à bon port avec sa petite famille sont bien plus minimes que la plus microscopique des fourmis. Rassuré ou encore à moitié convaincu ?

Vouloir rassurer ses proches est un réflexe pessimiste qui n'engendre aucun bien-être. Si, si, je vous l'assure. Démonstration en trois points :

1. Miss Catastrophe s'en donne à cœur joie

Votre appel téléphonique se fait attendre par rapport à l'heure d'arrivée prévue... Sans le savoir, vous infligez à vos proches la cohabitation avec Miss Catastrophe, cette fichue et si pessimiste voix intérieure qui se régale à souffler mille pensées toxiques et à bâtir divers scénarios-catastrophes dans leur cerveau. Le réflexe pessimiste « imaginer le pire » joue à fond ! Et le stress de ceux que vous voulez protéger augmente : ongles rongés, nœuds à l'estomac, palpitations cardiaques...

À chaque déplacement, vous créez le doute et alimentez leurs inquiétudes avec ce « suspense » : vous pourriez ne pas arriver en un seul morceau mais en plusieurs, façon puzzle. Plus le coup de fil libératoire se fait attendre, plus les conséquences fâcheuses pour leur bien-être augmentent. Un comble alors que vous voulez justement, avec cette (mauvaise) habitude, enfoncer le clou sur le fait que vous êtes rentré sain et sauf au bercail !

À retenir : Pourquoi donc créer du stress pour soi et pour les autres quand on peut l'éviter ?

2. Imaginer n'est pas savoir

C'est sûr, il s'est passé quelque chose… En l'absence pourtant du moindre élément concret, on imagine le pire avec certitude (« c'est sûr, il y a un problème ») en l'absence d'appel téléphonique. Ce réflexe pessimiste génère une habitude anti bien-être, celle d'interpréter une situation à partir de… rien, sans faits tangibles à se mettre sous la dent.

À retenir : Pourquoi s'inventer des problèmes fantômes, des difficultés qui n'existent que dans l'imaginaire ? Pour une fois, laissons l'imagination de côté.

3. Rien ne va (plus) !

Avec l'intention généreuse de rassurer ses proches par ce fameux coup de fil, on délivre un mauvais message : les événements sont susceptibles de mal tourner ! Ainsi, on envisage d'abord la panne ou l'accident avant de considérer que le voyage puisse se dérouler sans encombre. Rien ne va plus ! Imaginez les ravages de ce principe appliqué à votre vie professionnelle : vous venez de décrocher un job et votre nouvel employeur vous assène : « Cher collaborateur, quoi que vous fassiez, pensez d'abord échec ou plantade, plutôt que succès et réussite. » Motivant ? Non, bien sûr.

À retenir : Prévoir le pire ne nous aidera pas à mieux le supporter s'il devait survenir.

La solution optimiste : « Par principe, on arrive à bon port ! »

1. Collez à la réalité et agissez en conséquence

Le mode de pensée optimiste : quel que soit le moyen de transport, tout va bien se passer. L'optimiste ne nie pas le risque mais s'en saisit et agit pour le réduire. Ainsi, plutôt que de monter en épingle les dangers de la route et de stresser tout le monde au risque de modifier le comportement de certains automobilistes, notre optimiste s'assure qu'il est en forme avant de prendre le volant, et il a fait réviser son véhicule avant le départ. Ainsi, le voyage, bien préparé, se déroulera dans les meilleures conditions pour peu qu'il conduise normalement.

N'est-ce pas autrement plus efficace que d'imaginer la voiture en panne ou faisant deux tonneaux avant d'embrasser un platane ? Il n'y a aucun bénéfice à imaginer de tels films alors que la réalité est tout autre : Jean-Pierre roule tranquillement vers sa destination, Sylvie et bébé dorment profondément et, avec une remarquable constance, Clémentine et Oscar se chamaillent… Tout est normal, circulez, il n'y a rien d'horrible à imaginer.

À retenir : L'optimiste n'a rien d'une personne naïve qui vivrait parmi les Bisounours. Son état d'esprit est fondé avant tout sur le réalisme et l'action.

Prenez l'avion ou la voiture les yeux fermés (ou presque)

En France, environ 10 personnes perdent la vie chaque jour sur les routes. C'est évidemment beaucoup trop, mais il faut rappeler que la mortalité par accident était 5 fois plus élevée en 1972, pour un parc automobile bien moins important. Les progrès en matière de sécurité routière ont donc fait des pas de géant, et même s'il reste beaucoup à faire pour éviter les drames, le nombre d'accidents est objectivement infime en comparaison des dizaines de millions de déplacements quotidiens.

Idem pour l'avion, moyen de transport le plus sûr. En quarante ans, le trafic a été multiplié par dix et le nombre de décès accidentels divisé par deux. En 2017, dans le monde, on a recensé 44 morts pour 4,1 milliards de passagers selon le journal *Le Monde*.

2. Faites la peau au stress et aux inquiétudes inutiles

Remplacez dans votre tête le réflexe pessimiste par la solution optimiste : « C'est décidé, en voyage, par principe, j'arrive à bon port. » Les seuls éventuels soucis se limitent aux embouteillages, à la bouteille d'eau renversée sur la banquette arrière ou aux chamailleries entre l'aîné et le cadet, rien de plus. Par ailleurs, vous appellerez votre belle-mère (ou quiconque) le lendemain ou surlendemain du voyage, pas le jour même.

Ainsi, les voyageurs peuvent désormais arriver à l'heure de leur choix sans s'inquiéter d'avoir à rassurer leurs proches. Ceux-ci sont moins dans l'attente du « résultat » du voyage et vivent mieux chaque minute de la journée pendant les déplacements des uns et des autres. Les enfants, à qui l'on épargne une peur fondée sur 0,1 % de la réalité, apprennent à forger leurs avis sur ce qui est, non sur ce qu'ils redoutent, sur ce qui marche et non sur ce qui ne fonctionne pas. Et les enfants de ces enfants vivront donc libérés de comportements pénalisants impactant la plupart de leurs activités personnelles et professionnelles.

Montrez l'exemple à vos enfants

En adoptant le réflexe optimiste, on offre par la même occasion un principe de vie à ses enfants. La meilleure façon de les aider dans l'existence, c'est de ne pas les angoisser avec des suppositions négatives, mais de leur permettre d'envisager que tout ira bien. Tel est le meilleur moyen d'augmenter leur confiance en eux.

Alors si, jusqu'à maintenant, c'était le pessimisme qui régnait sur votre arbre généalogique, il n'est jamais trop tard pour changer ! Vous armerez vos enfants pour faire face aux situations difficiles qu'ils seront amenés à croiser dans l'existence.

3. Informez vos proches de ces nouvelles règles

Pas facile à dire ? Il faut parfois « mouiller sa chemise » pour obtenir des résultats, et cela peut prendre un peu de temps. Mais quel apprentissage n'en demande-t-il pas ? Pensez au délice de libérer vos proches d'un carcan pessimiste et de savourer davantage vos voyages. Un bienfait inestimable.

Un écueil à surmonter : les objections de l'entourage

Préparez-vous à entendre quelques objections du type : « Tu as raison, mais c'est trop tard pour changer maintenant. » Ou encore : « C'est vrai, mais bon, ça rassure quand même papa. »

Soyez compréhensif, le pessimisme du voyage est aussi ancré dans la conscience collective que le football l'est au Brésil, mais ne mollissez pas, restez ferme sur l'application de ce réflexe optimiste antistress, utile à tous.

Un dernier mot pour la route – c'est le cas de le dire –, ayez en mémoire ce principe fondateur de l'optimisme et de l'efficacité personnelle : quand je m'engage, je m'engage… à fond.

SOLUTION

LA SOLUTION CLÉ EN MAIN

~~« On t'appelle quand on est bien arrivés. »~~

« En voyage, par principe, j'arrive à bon port ! »

1. Collez à la réalité et agissez en conséquence.

2. Faites la peau au stress et aux inquiétudes inutiles.

3. Informez vos proches des nouvelles règles.

JE PASSE À L'ACTION !

Opérez maintenant sur le terrain, c'est-à-dire dans votre vie quotidienne.

Choisissez une situation réelle (par exemple : « Pour mon voyage à Saint-Malo le 20 octobre prochain, j'appellerai ma mère le lendemain… ou le surlendemain ») et dès que vous avez honoré votre engagement, rendez-vous page 265 pour cocher la case correspondante et apprécier vos progrès !

« COMMENT ÇA VA ? — BAH… COMME UN LUNDI ! »

LE SCÉNARIO HABITUEL

Lundi matin, arrivée au bureau. Vous prenez l'ascenseur avec Denise, la contrôleuse de gestion, et, rien qu'à l'idée de la croiser pendant cinq jours, la nausée vous envahit. Démarrage de la traditionnelle réunion du début de semaine : Thierry, votre manager, vous passe un savon pour des détails sans importance en oubliant de vous féliciter d'avoir décroché le juteux contrat avec les Italiens. Pour couronner le tout, à la machine à café, un collègue, Jean-Édouard, fayote auprès du directeur marketing qui, stupidement flatté, ne comprend pas que ce jeune loup vise son poste comme le chasseur vise le gibier.

Pas étonnant alors que vous répondiez sur un ton résigné et avec une tête de six pieds de long, « Bah… comme un lundi ! », à la question de votre voisin qui vous demande comment vous allez. Ce faisant, vous donnez l'impression que le lundi est, par nature, un jour maudit jusqu'à la fin des temps.

Pour vous consoler, sachez que vous n'êtes pas seul : quantité de salariés sont atteints du syndrome de *lundigestion* qui commence… la veille, avec le bien connu « blues du dimanche soir ». L'expression « Ça va comme un lundi » ne fait que prolonger cet état d'esprit pessimiste et révèle le malaise de celui qui la colporte.

Un malaise qui sera reçu par votre interlocuteur avec une mine consternée, celle du collaborateur qui n'approuve pas ce défaitisme, ou à l'inverse avec une réplique d'approbation du type « Tu l'as dit »… (Entre pessimistes, c'est bien connu, on se comprend !) Quoi qu'il en soit, ces mots vont plomber votre journée et celle des autres car, en affichant votre manque d'enthousiasme, la maladie de la grisaille s'installe pour la semaine à venir dans l'*open space*. Ne préféreriez-vous pas un coin de ciel bleu ?

« NON, ÇA NE VA PAS ! »

Avez-vous remarqué que celui qui vous pose la question « Comment ça va ? » n'écoute pas la réponse, persuadé de vous entendre prononcer les mêmes mots que tout le monde : « Ça va… », même si vous êtes dans la mouise la plus totale ?

Si vous avez envie de rire un peu, faites le test suivant. À la question « Ça va ? », répondez « Non », ou « Non, ça ne va pas ! » et voyez l'effet sur votre interlocuteur. Le plus souvent, littéralement sourd à votre (prétendue) détresse, il sera déjà en train de vous parler de la pénible réunion prévue avec le RH.

Si au contraire il prête l'oreille, vous verrez la surprise et l'embarras se lire sur son visage, car vous venez de lui confier une partie de votre intimité – malheureuse qui plus est – qu'il n'avait probablement pas envie d'entendre.

Le réflexe pessimiste : « Comment ça va ? – Bah… comme un lundi ! »

Les symptômes

En répondant mécaniquement « Ça va comme un lundi », même sous forme de boutade :

- Vous orientez vos pensées dans une spirale négative.
- Vous reproduisez ce mécanisme chaque semaine, donc vous amplifiez votre spleen.
- Vous vous interdisez de chercher des solutions pour sortir de cette démobilisation et de cette spirale peu vertueuse.

En bref, vous alimentez et renforcez sans cesse votre désintérêt pour votre job.

Le diagnostic

- Il révèle un manque. Manque d'envie, de sens, de perspectives, etc.
- Il montre combien vous êtes confronté au bureau à une situation que vous n'appréciez pas.
- Il appuie là où cela fait mal : ce que vous n'aimez pas se reproduit chaque semaine.

D'où, à la longue, votre démotivation.

Les effets secondaires

Ce réflexe pessimiste entraîne 3 effets secondaires, lourds de conséquences pour votre santé professionnelle.

1. Une perte de temps

En subissant votre travail, en vivant chaque semaine sans réagir face à une situation que vous n'aimez pas, vous jetez l'éponge au lieu d'investir le meilleur de vous-même… sur vous-même !

À retenir : Est-il judicieux de vous défiler quand le temps file et que votre carrière défile ?

2. Une perte de compétences

Les années passent mais vous oubliez d'en tirer parti. Vous pourriez les utiliser pour étendre votre savoir, avancer dans l'exercice et la maîtrise de votre job, mais vous n'en faites rien. Sans vous en rendre compte vos compétences s'amenuisent alors que vous auriez la possibilité de les enrichir, ce qui vous donnerait la pêche au saut du lit le lundi matin. Dommage, non ?

3. Une perte d'influence professionnelle

La perte de temps et de compétences affaiblit votre influence au sein de l'entreprise, et à l'extérieur, sur le marché de l'emploi. Ne voyant que les problèmes liés à votre job, vous ne faites strictement que ce qui vous est demandé, pas un iota de plus, peu à peu vous vous éteignez telle la flamme d'une bougie en fin de vie.

Certains disparaissent même de la circulation (et du bureau) dès que possible, à la minute où ils sont autorisés à le faire. L'avantage : ils savent toujours quelle heure il est (facile, ils ne quittent pas la pendule des yeux). L'inconvénient : leur influence dans la sphère professionnelle chute à la vitesse grand V.

Pensez aussi au bien-être de votre famille !

Vous voir chaque lundi commencer la semaine avec autant d'enthousiasme que Louis XVI montant à l'échafaud nuit au moral des troupes familiales. Or vos proches souhaiteraient – n'en doutez pas – vous voir heureux et bien dans vos baskets quand vous rejoignez l'endroit où vous passez au minimum huit heures par jour, cinq jours par semaine.

Que voulez-vous exactement ?

Laisser votre moral descendre peu à peu dans vos chaussettes et s'y installer définitivement ou mobiliser vos ressources pour aller de l'avant et mieux vivre votre job ? En d'autres termes, voulez-vous rester malade de pessimisme ou bien guérir ?

Si vous choisissez la première option, refermez ce livre et comptez combien de jours vous séparent encore du week-end. Si vous choisissez la seconde, soignez-vous et appréciez comment les solutions optimistes changent votre vie.

Très répandu aussi, le fameux TGIF (*Thank God It's Friday* : Merci mon Dieu, c'est vendredi !)

On ne râle plus parce que c'est lundi, on est contents parce que c'est vendredi et que le week-end approche ! Eh bien, que vous dire ? L'optimiste salue la formulation plus « positive », mais pensez-vous que vous féliciter d'arriver au bout de la semaine comme si vous étiez libéré du bagne règle la question de votre implication et de votre intérêt pour votre job ? Pour faire changer les choses, empoignez ce sujet et ne le lâchez plus !

La solution optimiste : « Pour éviter lundigestion, je crée du neuf ! »

Créer du neuf, c'est soigner le mal à la racine, changer le gris dans votre tête pour du bleu et agir sur le terrain. Prenez les 6 remèdes suivants, ils sont d'une efficacité redoutable. Pour vous, mais aussi pour vos collègues et votre employeur.

1. Clarifiez vos choix professionnels

Quelle place occupe votre job dans votre vie ? Deux possibilités :

- **Le choix par défaut**

Les fonds de pension ou la fluctuation des cours du baril de pétrole éveillent en vous autant d'intérêt qu'une thèse en grec ancien ? L'énième slogan publicitaire pour la nouvelle lessive ARSKIP qui lave encore plus blanc, alors que les 799 précédents vantaient la même chose, ne vous passionne pas ?

Votre travail ne vous apporte aucun épanouissement, cela tombe bien car vous ne le lui demandez pas. Votre truc à vous, c'est la famille, la pêche au gros aux Maldives ou réunir vos amis autour d'une raclette ou d'un barbecue ? Pas de souci. Vous avez fait un choix professionnel par défaut. Il a le mérite d'être clair et tient la route aussi longtemps que vous l'assumez. Votre job est purement alimentaire, car il faut bien payer les cannes à pêche, l'avion, la raclette ou les côtelettes. Une seule règle à respecter : interdit de vous plaindre de votre sort, ne serait-ce qu'une demi-seconde.

À retenir : Vous gagneriez quand même à éradiquer le « Ça va comme un lundi », car, si vous êtes salarié, vous ne travaillez pas seul. Et si vous n'attendez rien de votre job, vos collègues peuvent avoir une autre vision…

• Le choix de l'épanouissement

Outre son intérêt financier, vous donnez à votre job un rôle plus noble, vous intéresser, vous révéler, vous permettre de tenter des choses, de rencontrer des gens, d'apprendre des techniques, d'inspirer les autres, de laisser une trace, bref, de vous accomplir… or tout cela est inaccessible dans votre poste actuel ?

Dans ce cas, pensez votre situation professionnelle comme une partie de cartes dans laquelle il faut changer la donne. Vos valeurs sont des atouts, redistribuez les cartes !

2. Passez en mode action

Comment espérer que les événements tournent en votre faveur si vous vous contentez de l'existant qui ne vous convient pas ? Cela ira toujours « Comme un lundi » si vous ne faites rien !

Tout repose donc sur vous, votre envie de changer votre environnement et votre réalité quotidienne. Prenez les rênes de votre bien-être au travail. Agissez, sans relâche, jusqu'à atteindre une issue concluante. Même si les résultats se font (un peu) attendre, vous aurez gagné l'essentiel : changer d'état d'esprit.

À retenir : C'est votre esprit qui décide de tout.

3. Identifiez et déployez vos talents

Que faites-vous mieux que les autres, avec moins d'efforts et plus de résultats ? Dressez-en une liste. Ça y est, vous les tenez, vos talents ! Et si vous identifiez une activité où le plaisir de faire s'ajoute à vos talents, vous avez mis la main sur un véritable trésor : vous-même.

Ces talents sont-ils utilisés et valorisés dans votre poste actuel ? S'ils ne le sont pas, comment vous étonner de manquer d'envie et d'enthousiasme ? Tirez-en les conséquences, quitte à déranger vos habitudes, examinez votre job sous toutes les coutures et voyez comment mieux mettre en phase vos points forts et les nécessités du poste. Vous aurez bien plus de plaisir à travailler… et donc à retrouver votre bureau le lundi matin, le sourire aux lèvres.

4. Assurez-vous d'être à votre juste place

Compte tenu de mes talents (et de mes insuffisances) suis-je à ma juste place dans mon entreprise actuelle ? La réponse à cette question est dé-ci-si-ve. Exemple : vous rêvez de passer au service commercial, vous adorez le contact avec la clientèle et vous seriez capable de vendre les yeux fermés une montagne de sable à l'émir de Dubaï. Comment votre talent peut-il s'exprimer alors que vous êtes chargé de mettre au point des fichiers Excel avec formules financières et statistiques complexes ? Un comble pour le littéraire que vous êtes et qui n'a jamais dépassé 5 de moyenne en maths (et encore, grâce au coup de main d'une bonne copine).

Pourquoi votre employeur se priverait-il de votre génial savoir-faire, de vos idées, de votre enthousiasme en vous maintenant à un poste où vous n'avez rien à apporter ? Comment donner votre pleine mesure, innover, inspirer vos collègues ou vos équipes si vous accomplissez une tâche qui ne vous donne qu'une envie, celle d'être ailleurs ?

À retenir : Créer du neuf, c'est harceler (gentiment) vos supérieurs hiérarchiques jusqu'à ce que vous soyez placé là où il faut. Dans votre intérêt et aussi dans le leur.

5. Cessez de subir, favorisez la nouveauté

Pour passer du « Ça va comme un lundi » à « Super, c'est lundi ! », repérez ce qui peut être modifié et ne lâchez pas l'affaire. Rien n'est facile, certes, mais il y a sûrement un domaine où vous avez la main, où vous disposez d'une marge de manœuvre. Trouvez-le. Vous n'avez pas les compétences ? Formez-vous. Vous n'êtes pas heureux dans votre entreprise ou votre service ? Faites le tour des autres.

À retenir : Vous vous sentiriez comme un poisson dans l'eau près de l'océan ? Étudiez toutes les solutions pour vous en rapprocher.

6. Ouvrez le champ des possibles

Bien sûr, l'optimiste sait parfaitement que certaines situations empêchent le changement. Il en prend acte et se démarque du pessimiste dans sa compréhension des problèmes, leur traitement et les résultats qu'il obtient. Si son job ne lui donne pas satisfaction, le pessimiste dira : « C'est comme ça, on n'y peut rien, inutile d'essayer autre chose. » L'optimiste vous chantera une autre chanson : « OK, rien n'est facile, la situation est tendue, les conditions sont peu engageantes, le changement n'est pas pour tout de suite, mais… qui m'empêche de réfléchir, de prévoir, d'imaginer des solutions pour demain ou après-demain ? »

Il ne s'agit pas de croire à l'impossible, juste d'ouvrir le champ des possibles. Et de miser sur une issue heureuse de la situation, non parce que vous le souhaitez naïvement mais parce que vous favorisez en permanence l'émergence d'opportunités.

L'optimisme, c'est comprendre que, si vous utilisez tous vos atouts, il y a bien une solution satisfaisante qui, tôt ou tard, fera son apparition.

Au lieu de vous lamenter sur votre sort et de mettre en avant votre malchance ou ce qui ne peut changer pour l'instant, regardez plutôt l'horizon, créez du neuf, osez. Ainsi se prépare votre succès.

Et la prochaine fois que vous croiserez un collègue grommelant son « Comme un lundi », répondez du tac au tac : « Super, la semaine s'annonce bien ! »

SOLUTION

LA SOLUTION CLÉ EN MAIN

~~« Comment ça va ?~~
~~— Bah... comme un lundi ! »~~

« Pour éviter "lundigestion", je crée du neuf ! »

1. Clarifiez vos choix professionnels.

2. Passez en mode action.

3. Identifiez et déployez vos talents.

4. Assurez-vous d'être à votre juste place.

5. Cessez de subir, favorisez la nouveauté.

6. Ouvrez le champ des possibles.

JE PASSE À L'ACTION !

Vous avez installé le réflexe optimiste dans votre esprit, agissez maintenant sur le terrain, c'est-à-dire dans votre vie professionnelle. Choisissez une situation réelle (par exemple : « Je prends rendez-vous avec Renaud et lui propose de me confier l'agence de Moulins ») et dès que vous avez honoré votre engagement, rendez-vous page 265 pour cocher la case correspondante et apprécier vos progrès !

3

« LES BANQUIERS, TOUS LES MÊMES ! »

LE SCÉNARIO HABITUEL

— Allô, madame Sanlesoux ? Ouiiii... Bonjour madame, c'est Claude Radin, votre banquier. Dites, votre découvert c'est plus un trou, c'est un gouffre... ça ne peut plus durer.

— Ben... euh... c'est-à-dire... je... bon... enfin... le mois prochain...

— Le problème, madame, c'est que vous me dites la même chose tous les mois. À force de creuser votre découvert vous allez trouver du pétrole...

— Comme ça je serai riche !

— Très drôle, j'apprécie votre humour mais ma direction, un peu moins et on…

— Écoutez, bien sûr, je comprends, mais pour sortir d'un gouffre, il faut du temps...

— Décidément vous êtes impayable, c'est le mot, Mme Sanlesoux mais je n'ai pas envie de rire. Ma direction est formelle, cela doit cesser. Bon… nous allons faire un dernier effort... vous avez un mois pour combler le découvert... après quoi je coupe les robinets ! Vous voyez, moi aussi, je sais faire de l'humour.

— Mais, mais...

— Voilà, je vous souhaite une bonne journée, madame.

Sous le choc de l'appel cinglant de son banquier, Mme Sanlesoux broie du noir et se parle à elle-même : *Que vas-tu devenir ? Te rends-tu compte... tu n'as pas un euro de côté... si Radin te lâche, comment feras-tu pour payer le loyer... les factures... les vêtements des enfants et tout le reste ?*

Une sueur froide l'envahit à l'idée de vivre de telles difficultés. Et plus elle y réfléchit, plus elle trouve de motifs de s'enfoncer dans la déprime : *Et les Rondot, hein, que vont-ils dire les Rondot ?*, ses meilleurs amis qui, grâce à ses efforts pour leur cacher sa vraie situation, croient depuis toujours que tout va bien pour elle et qu'elle est à peine moins argentée que Warren Buffet.

Ainsi, Mme Sanlesoux s'égare-t-elle de plus en plus dans de curieuses pensées : *Pourquoi la France vit-elle dans le rouge depuis des lustres sans qu'on lui coupe les vivres et pourquoi je dois, moi, rembourser mon découvert ?*

Cette remarque d'une touchante candeur conforte sa position et son indignation. Elle décuple également son ressentiment contre l'injustice de la situation et contre son bras armé, l'infâme M. Radin. Se contrôlant de moins en moins, Radin, ce pelé, ce galeux, en prend pour son grade : *Un sale type, inhumain, qui n'a rien à faire de moi. C'est clair, il m'en veut personnellement, sinon il ne s'acharnerait pas à ce point.*

À cet instant, elle désire ardemment que son banquier passe sous l'autobus. *Puisqu'il la fait souffrir, pourquoi ne souffrirait-il pas à son tour ?*, se dit-elle dans une version rustique de la relation banquier-client.

Cette situation vous rappelle de mauvais souvenirs ? En effet, qui à un moment ou un autre de son existence, n'a jamais été placé devant un choix cornélien : combler son découvert ou… combler son découvert ?

Quand le banquier se fâche, invariablement, le pessimisme vous envahit aussi sûrement qu'une avalanche dévale la montagne.

Le réflexe pessimiste : « Les banquiers, tous les mêmes ! »

Comme d'habitude, il est votre pire conseiller (pas le banquier, le pessimisme !). Il vous fait vous tromper d'adversaire, il annonce des lendemains qui déchantent et finalement mine votre moral. Vous broyez du noir et ressassez vos inquiétudes, les principales étant :

- Comment payer le loyer et les factures, etc. ?
- Comment cacher la situation aux amis et/ou à la famille ?

Bref, plus vous y réfléchissez et plus vous trouvez des motifs de vous enfoncer dans la déprime.

Mais pensez-vous que faire du banquier un bouc émissaire vous tirera d'affaire ou, au moins, vous aidera ? Ne rêvez pas, plus que jamais dans cette situation, un tel comportement pessimiste ajoute des problèmes aux problèmes. Plus que jamais le pessimisme justifie sa réputation d'empêcheur de vivre heureux.

Le pessimisme est un empêcheur de vivre heureux

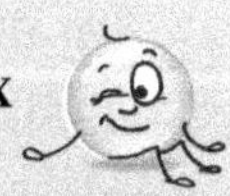

Non seulement le pessimisme dépeint l'avenir sous un ciel passant du gris au noir, mais il vous entraîne encore plus loin dans un tourbillon négatif totalement improductif, car :

- Il vous fait oublier qu'il vaut mieux agir que réagir.
- Il vous enferme dans la rancœur la plus stérile.

Entièrement contrôlé par vos émotions, l'aveuglement vous gagne. Les réflexes pessimistes successifs, comme celui de faire endosser à votre banquier des faits dont il n'est pas la cause, ne vous font pas avancer d'un pouce sur la voie d'une amélioration de la situation. Pire, ils l'aggravent en vous conduisant sur de mauvaises pistes : fulminer contre votre job insuffisamment payé, contre vos clients qui vous règlent systématiquement avec deux mois de retard, etc. Ce qui ne sert à rien.

Conséquences : perte de lucidité, d'objectivité, de mesure, de confiance en soi et en l'avenir.

Être entravé financièrement n'est déjà pas drôle, pourquoi se bâillonner soi-même en alimentant des réflexes négatifs nuisibles et contre-productifs ? Stop ! Il est temps de voir les choses autrement et de reprendre le contrôle de la situation.

La solution optimiste : « Je fais ami-ami avec mon banquier »

1. Préservez votre énergie

Vous en prendre à la terre entière, râler contre le sort ou contre votre banquier, ne résout aucunement votre problème de découvert. En vous agitant inutilement, en dispersant vos forces, vous jouez contre vous, car vous perdez votre énergie.

Or, qui d'autre que votre énergie va vous faire sortir la tête de l'eau ? Et donc pourquoi gaspiller une telle ressource ?

À retenir : Prenez soin de votre énergie et concentrez-la sur ce qui en vaut la peine, pas sur des à-côtés sans incidence sur la résolution du problème.

2. Sachez prendre du recul

Contrairement à ce que vous pourriez croire, si votre banquier vous téléphone pour rappeler votre découvert bancaire, dites-vous qu'il a également relancé un régiment d'autres « débiteurs ». Hé oui, chacun croit qu'il est seul au monde dans son cas mais, en réalité, si l'on rassemblait toutes les personnes en situation de découvert, les Champs-Élysées n'y suffiraient pas.

Ne prenez pas mal cet appel car il peut faire plus de dégâts que l'ampleur de votre découvert ne le mérite : sentiment d'humiliation, perte de confiance en vous, tensions diverses et, bien souvent, une chaîne de réactions inadaptées prises sous l'influence d'émotions qui vous font perdre pied.

À retenir : Rassurez-vous, une fois pour toutes, dites-vous bien que **la plupart des situations de la vie sont vécues par d'autres et que vous n'êtes pas seul à les affronter.**

3. Votre banquier n'est pas votre ennemi

Délestez-vous de cette croyance pessimiste : vous n'êtes pas l'ennemi numéro un de votre banquier. Comme dans toutes les professions :

- Il applique des procédures propres à son métier et des principes de bonne gestion de son agence. Rien d'extraordinaire donc...

- Sa démarche n'est pas une attaque personnelle. Votre banquier joue chaque matin la même musique à de nombreux clients. Cela fait partie de son job comme l'hôtelier vérifie que les chambres sont libérées à 12 heures. Le plus drôle est que, sauf cas particulier, à 17 heures, il a déjà oublié la somme exacte qu'il vous a réclamée à 10 heures le matin car vous êtes un client… parmi tant d'autres.

- Votre banquier est lui-même évalué sur sa gestion et il doit, lui aussi, rendre des comptes.

À retenir : Sauf à ce que vous le mettiez sur le gril depuis des lustres et que vous ne respectiez jamais vos engagements, **il n'y a rien de personnel dans la démarche de votre banquier**, aucune animosité à votre endroit, juste l'application des règles propres à son activité.

4. Bâtissez une relation de confiance avec votre banquier

Alors que faire ? Pour apaiser les tensions avec votre banquier et mettre toutes les chances de votre côté, la solution est de **bâtir une relation de confiance** avec lui. En d'autres termes :

Mettez de l'eau dans votre vin

Plutôt que de lui envoyer des noms d'oiseaux à la figure, de lui hurler aux oreilles que les banquiers sont « tous les mêmes » et qu'il ferait bien d'aller se faire voir quelque part (généralement chez les Grecs), restez courtois, poli… et calme.

À retenir : L'agressivité ne fait que tendre la relation au lieu de la tisser.

Relativisez l'enjeu

Soyez lucide et jugez objectivement les faits à la lueur des sommes en jeu et de votre capacité à les rembourser. Si votre banquier vous réclame 1000 euros, dédramatisez le problème, car, même si pour vous la somme est importante, l'enjeu pour la banque reste minime.

À retenir : Ne faites pas une montagne de ce qui vous arrive, vous allez prendre les mesures pour régulariser.

Évitez de jouer au plus fin

Il y a toujours des malins pour ruser avec leur banquier. Cela peut marcher jusqu'au jour où le pot aux roses est découvert avec, généralement, des ennuis à la clé. Les lettres recommandées sont de sortie, le papier bleu n'est pas loin, finalement, c'est quand même le banquier qui tient les commandes, donc, à quoi bon ruser ? Plus que tout, ne lui faites pas endosser un risque qu'il n'a pas à prendre à votre place. Vous êtes le client, lui, le fournisseur de services, chacun joue son rôle, c'est mieux pour tout le monde. Et, clairement, il n'est pas là pour payer votre investissement déraisonnable ou votre caprice de rockstar.

À retenir : Soyez sincère, et dites les choses telles qu'elles se présentent. Sans finasser.

5. Devenez un as de la négociation

Même avec son banquier, on peut négocier. Voici quelques conseils pour y parvenir :

- Plus la somme due est élevée, plus vous pouvez négocier, car la banque veut réduire au maximum ses éventuelles pertes.

- Une vraie bonne négociation est celle dont vous sortez, non en vous disant *Génial, qu'est-ce que je lui ai mis* mais *Parfait, chacun de nous trouve son intérêt à notre accord*. Négociez donc avec ce principe en tête, ce qui, bien évidemment, ne vous empêche pas de négocier âprement si la situation l'exige.

6. Votre banquier n'est pas un extra-terrestre

L'optimisme est un état d'esprit empreint d'humanité. Certes, votre banquier est souvent vu comme un briseur de rêves, car il tient les cordons de la bourse, contrariant ainsi vos projets ou votre train de vie. Mais, plus que tout, il est un être humain. Si, si, il a un cœur ! À l'exception de quelques spécimens (il y en a dans tous les métiers), votre banquier privilégie les bonnes relations avec ses clients. Dès lors, parlez avec lui. Dites-lui ce que vous faites, informez-le de vos succès, de vos projets, prévenez-le aussi de toute difficulté, non après qu'elle soit apparue mais avant.

7. Prenez des engagements

Expliquez-lui votre situation en précisant le pourquoi du comment. Proposez des solutions, des dates, engagez-vous, mais attention : avec un banquier, comme dans la vie, si vous dites quelque chose, faites-le !

Exemple : si votre chéri a crevé le plancher de votre découvert pour vous offrir huit jours de rêve à Tahiti avec nuits sur le lagon, hôtel sur pilotis 5 étoiles, massages, guitare, fleurs et vahinés sous les étoiles, prévenez-le de ce débordement festif. Et rassurez-le : vous avez tout prévu pour le retour. Il sera sensible à votre sens des responsabilités et rêvera en cachette à ce voyage que vous avez eu le culot de vous payer... sans en avoir les moyens.

À retenir : Prenez des engagements et respectez votre parole. Installez un réflexe positif, concret et optimiste : *Je fais ami-ami avec mon banquier.* En le faisant scrupuleusement, vous allez entretenir une très belle relation avec votre banquier, bâtie sur la confiance, le dialogue et une saine vision de vos rapports.

Le saviez-vous ?

Un contentieux coûte toujours plus cher qu'un accord à l'amiable. Et comme le temps c'est de l'argent, le plus souvent, votre banquier préférera passer un accord avec vous plutôt que de s'embarquer dans d'interminables et coûteuses procédures. Fréquemment, celles-ci servent à intimider l'autre, à montrer ses muscles, jusqu'à ce que les parties conviennent d'arrêter le pugilat… et les frais. En le sachant par avance, vous jouez « stratégique » et favorisez une transaction permettant de clore les hostilités. Et d'avancer. Une situation gagnante pour tous.

LA SOLUTION CLÉ EN MAIN

~~**« Les banquiers, tous les mêmes ! »**~~

« Je fais ami-ami avec mon banquier. »

1. Préservez votre énergie.

2. Sachez prendre du recul.

3. Votre banquier n'est pas votre ennemi.

4. Bâtissez une relation de confiance avec votre banquier.

5. Devenez un as de la négociation.

6. Votre banquier n'est pas un extra-terrestre.

7. Prenez des engagements.

JE PASSE À L'ACTION !

Vous avez installé ce réflexe optimiste dans votre tête, agissez maintenant sur le terrain, dans votre réalité. Par exemple : « Je prends rendez-vous avec mon banquier pour rediscuter mon autorisation de découvert et les frais annuels. » Et dès que vous avez honoré votre engagement, rendez-vous page 265 pour cocher la case correspondante et apprécier vos progrès !

« TU PEUX LE CHANGER (MON CADEAU !) »

LE SCÉNARIO HABITUEL

Sur l'air bien connu de « Joyeux anniversaire, joyeux anniversaire, joyeux aaaaaaanniversaire… Clémentiiine, joyeux anniversaiiiiiiiiiiiiiire », les bougies du gâteau s'éteignent et, sous un tonnerre d'applaudissements, vous tendez votre cadeau à Clémentine, votre amie.

Émue, joyeuse, elle saisit le paquet et vous lui dites aussitôt : « Si tu n'aimes pas, tu peux le changer… »

« Non non », répond-elle. « Merci, merci beaucoup », ajoute-t-elle mi-confuse mi-radieuse. Et là, sans même l'écouter, ni attendre qu'elle l'ouvre, vous répétez : « Tu peux le changer ». Et pour enfoncer le clou, tel un précieux sésame, vous brandissez l'indispensable ticket d'échange. Ouf, vous voilà rassuré, Clémentine pourra changer son cadeau.

Or, elle n'en est pas là : elle ne l'a même pas encore ouvert : comment cette pensée pourrait-elle l'effleurer ? Et quelle étrange idée de votre part de le lui suggérer à ce moment !

Clémentine défait le paquet et découvre un joli coffret. Elle l'ouvre et s'écrie : « Oooh, comme il est beau, il est ma-gni-fi-que ! » Vous venez de faire une heureuse avec ce pendentif fantaisie choisi pour elle. « Merci… vraiment, merci beaucoup… », dit-elle, remplie de joie.

Déjà, le pendentif orne son cou. Dans le miroir Clémentine se regarde plusieurs fois, sous tous les angles, pas de doute, ce bijou est… un bijou. Bravo, vous avez choisi ce qui lui fait vraiment plaisir, l'essence même du cadeau réussi. Clémentine est aux anges, votre cadeau la comble, elle vous remercie, vous embrasse, vous dit que c'est une folie, bref, qu'elle est super contente.

Et là, en dépit du bon sens et de l'avis de l'intéressée, une fois encore vous revenez à la charge avec ces mots : « Bien sûr, tu peux le changer. »

Avouez-le : vous êtes de ceux qui ne peuvent faire un cadeau sans immédiatement ajouter cette précaution oratoire, « Tu peux le changer », plusieurs fois de suite, à la remise du cadeau, pendant la journée de fête, voire le lendemain. Cela sans que le bénéficiaire ne confesse la moindre déception !

Le réflexe pessimiste : « Tu peux le changer (mon cadeau !) »

Répéter, tel un perroquet, « Tu peux le changer » peut prêter à sourire. Pourtant, il montre combien ce réflexe pessimiste se glisse partout, même dans les meilleures intentions. Quel dommage d'empêcher Clémentine, ou la personne à qui vous offrez un cadeau, de vivre pleinement ce moment de plaisir intense !

Pour quelles raisons vous sentez-vous obligé d'abreuver le bénéficiaire d'une telle idée d'autant qu'il n'y songeait même pas ? **Cela dépend de la nature du cadeau que vous offrez.** Distinguons 3 types de cadeaux :

Le cadeau censé faire plaisir à celui qui le reçoit et à celui qui le fait

Le bénéficiaire de votre cadeau a beau vous affirmer et vous montrer clairement par son comportement qu'il est comblé, vous n'en tenez pas compte.

Avez-vous conscience de ce que ce réflexe pessimiste produit chez vous ? Il révèle 2 attitudes négatives :

1. Vous n'êtes pas à l'écoute de l'autre : clairement, vous ne prêtez pas attention à la personne à qui vous offrez un cadeau et vous devancez une objection qu'elle ne formule à aucun moment. Vous imaginez même qu'elle est polie et n'osera pas vous dire que le cadeau lui déplaît. Pire : vous doutez de sa sincérité quand elle vous dit combien votre présent lui plaît et qu'elle vous remercie pour la justesse de votre choix.

À retenir : Réalisez-vous combien cette attitude est contre-productive puisqu'elle revient à ne pas écouter ou à ne pas croire celui à qui, justement, vous souhaitez faire plaisir ?

2. Vous brisez la magie de l'instant : en concentrant sur vous ce qui devrait être concentré sur l'autre, vous empêchez la personne à qui vous offrez un cadeau de vivre pleinement un moment de plaisir. Prenez conscience que votre formule dévalorise la remise et la découverte d'un cadeau par le bénéficiaire. Quel dommage de l'empêcher de vivre pleinement la joie de recevoir un cadeau !

Mais alors : qu'est-ce qui vous pousse à assener que le cadeau peut être changé alors que votre interlocuteur vous dit et vous répète sa satisfaction ? C'est simple : **inconsciemment, vous voulez vous rassurer et marquer des points dans l'estime ou l'amour** que vous porte la personne à qui vous offrez un cadeau.

À retenir : En adoptant ce réflexe pessimiste, vous pensez à vous avant de penser à la personne à qui vous offrez votre cadeau. On peut comprendre ce comportement. Pourtant, il manque d'authenticité.

« Rattraper le coup »

On peut trouver quelques circonstances atténuantes à la formule « Tu peux le changer », en apparence sympathique, mais si pessimiste. Exemple : vous connaissez parfaitement le bénéficiaire du cadeau mais ne savez pas quoi lui offrir, car il ou elle a déjà tout, le nécessaire et le superflu. En dépit de votre bonne volonté, vous avez donc de grandes chances de viser à côté de la cible. De même, lorsque ses goûts sont si affirmés et si peu « négociables » vous êtes perdant dès le départ.

Dans ce contexte, le « Tu peux le changer » vise à « rattraper le coup » puisque, vous le savez depuis le début, votre choix a toutes les chances de ne pas convenir… ce qui ne retire rien aux aspects négatifs de cette expression !

Le cadeau « obligé » ou comment faire bonne figure

C'est celui que vous faites parce que tout le monde offre quelque chose et que vous ne pouvez pas faire moins que les autres.

Par exemple : Vincent, quitte votre entreprise. Chacun lui fait un cadeau personnalisé, et Élise, votre collègue, est de la partie. Donc, même si vous n'êtes pas super fan de Vincent, pas question de faire moins qu'Élise : vous tenez votre rang, mais votre implication dans la recherche du bon cadeau est minimale. Vous n'allez pas y passer le réveillon et vous vous contentez de vous aligner sur le budget d'Élise pour dénicher, au plus vite, le cadeau dont, au fond, vous n'avez pas grand-chose à faire. L'essentiel pour vous est de faire bonne figure vis-à-vis des autres, d'autant que lorsque vous reverrez Vincent les poules auront des dents, alors… Le jour J, vous l'offrez à Vincent et dégainez automatiquement l'incontournable « Tu peux le changer ». Ça ne mange pas de pain, c'est du classique qui rassure, si le cadeau lui plaît, tant mieux, sinon, il n'aura qu'à le remplacer. Et vous tournez la page. Mais avez-vous pensé à ce pauvre Vincent dont les oreilles vont bourdonner ce jour-là car si 15 personnes lui offrent un cadeau et agissent comme vous, il entendra (au moins) 15 fois « Bien sûr, tu peux le changer ». Et si toutes ces personnes se sont trompées sur son cadeau, c'est qu'elles ne savent pas qui est Vincent ou qu'il a des goûts étonnants…

À retenir : Dire à quelqu'un qu'il peut changer le cadeau que vous lui offrez, ne le mettra pas à l'aise. Vous aboutissez au résultat inverse en dévalorisant votre cadeau.

Le premier cadeau que l'on fait à quelqu'un que l'on connaît peu

Vous souhaitez faire un premier cadeau à quelqu'un que vous connaissez sans le connaître vraiment. Lui dire « Tu peux le changer » vient comme une justification de votre relation naissante et donc comme une sorte de droit à l'erreur. Certes, on peut le comprendre, mais il n'en demeure pas moins que le message perçu revêt la couleur du pessimisme puisque vous jouez battu d'avance.

Or, jouer battu dévalorise :

- votre cadeau ;
- vous-même ;
- le moment de partage.

À retenir : Cette pratique révèle un manque de confiance en vous, une certaine méconnaissance des goûts du bénéficiaire ou votre désintérêt pour le cadeau que vous lui faites. À tout le moins, elle jette un doute sur votre capacité de jugement.

L'expression « Tu peux le changer » part d'une louable intention (faire plaisir). Cependant, elle vise à réparer par avance l'échec programmé puisqu'elle suggère que le seul moyen de rétablir les choses est de remplacer « votre » cadeau. Surtout : elle produit un effet négatif, car en l'utilisant vous mettez l'attention non pas sur le cadeau offert mais sur le fait qu'il peut ne pas convenir. Celui qui la prononce n'assume pas vraiment ce qu'il offre. Et cherche à se rassurer. Évitez donc cette expression répandue, mais foncièrement pessimiste. Comment ? Bonne nouvelle, vous… pouvez la changer !

La solution optimiste : « J'ai pensé que ce cadeau te ferait plaisir »

L'optimiste est pragmatique et voit les choses comme elles sont. Il sait bien que changer un cadeau est parfois nécessaire. Simplement, cette possibilité, que tout le monde connaît, vient à la toute fin du processus et non comme un préalable ou un rituel accompagnant la remise du cadeau.

Si votre intérêt pour l'autre est réel et si vous avez vraiment cherché à lui faire plaisir, en y consacrant le temps nécessaire, alors, une seule chose à faire : penser que le cadeau va lui plaire.

1. N'ayez plus peur de décevoir

Pourquoi craindre les conséquences d'un éventuel mauvais choix? Vous pouvez, de bonne foi, vous tromper sur le cadeau qui fera plaisir ou offrir quelque chose que l'intéressé a déjà.

Imaginez : vous avez voulu sortir votre chéri de sa passion pour l'automobile et lui ouvrir de nouveaux horizons, d'où l'achat d'une flûte traversière. Même s'il cache bien sa déception, vous comprenez qu'il ne rêve finalement que de jantes larges et de turbo, flûte alors…

Assumez ce risque et n'ayez pas peur de le décevoir. C'est l'intention qui compte dit-on souvent. Justement, expliquez la vôtre, dites les choses à votre partenaire : « Je pensais que tu aimerais voir autre chose que ton univers habituel et te changer les idées… oups… désolée pour cette sortie de route... » Même s'il aurait préféré deux pneus neige plutôt qu'un instrument de musique, il appréciera votre effort de réflexion tourné vers son bien-être et la découverte d'une activité nouvelle. Il appréciera aussi que vous ayez passé du temps à cela.

À retenir : Ne craignez pas de décevoir et expliquez votre choix. Le bénéficiaire en sera d'autant plus d'accord que viendra son tour de… vous offrir un cadeau.

2. Rassurez-vous, le bénéficiaire du cadeau vous aime toujours !

Dans une certaine mesure, un cadeau est une preuve d'amour. Plus ou moins intense, plus ou moins prometteuse, mais néanmoins une preuve d'amour. Se tromper de cadeau vous fait donc peur car vous imaginez la conséquence immédiate : le bénéficiaire ne vous pardonnera pas cette boulette et donc… ne vous aimera plus, ou moins…

Là encore, **parlez-lui simplement et expliquez ce que vous avez voulu faire** en lui offrant un abonnement au gymnase à côté de chez vous. Non, il n'y avait pas de message subliminal lui suggérant de freiner sur la sauce béarnaise et la mousse au chocolat. Votre idée était saine, vous n'avez pensé qu'à sa santé. N'est-ce pas, justement, la preuve que vous l'aimez? Dédramatisez. D'accord, la réalisation a un peu péché, mais ce n'est qu'un cadeau, l'échange entre vous est plus important.

À retenir : Si le bénéficiaire ne vous aime plus, ou moins, pour une simple maladresse de présentation ou de choix d'un cadeau, euh... mérite-t-il d'être aimé? Poser la question, c'est y répondre.

3. Parlez-en en amont !

Ne calez pas votre choix de cadeau sur vos goûts personnels. De 3 choses l'une, soit :

- Vous savez parfaitement ce qu'apprécie le bénéficiaire et vous jouez sur du velours.
- Quelqu'un « qui sait » peut vous conseiller.
- Vous n'avez pas d'idée et le mieux est d'en discuter ensemble... avant. « Qu'est-ce qui te ferait plaisir? Qu'aimerais-tu que je t'offre? » Mieux encore, pour conserver l'effet de surprise, demandez-lui de vous indiquer un éventail de 3 ou 4 possibilités.

Ensuite, vous n'aurez plus qu'à faire votre choix en étant certain de faire plaisir. Et plus besoin de recourir à ce très pessimiste « Tu peux le changer! ».

À retenir : Intéressez-vous à l'autre et échangez en amont pour définir ce qui lui ferait plaisir, avant de vous lancer, sans filet, dans une tournée des magasins ou des sites Internet.

4. Valorisez la remise du cadeau

C'est le jour J, la bonne humeur est de mise. En offrant votre cadeau, vous ouvrez le bal des émotions. Les vôtres d'abord, en transmettant un message *via* ce présent, puis celles de la personne le recevant. Découvrir son cadeau est un moment intense, accordez-lui toute son importance. Ne dites rien. Comme en musique, le silence fait partie de la partition et augmente encore l'émotion ressentie par chacun à ces instants. Ne les gâchez pas par un « Tu peux le changer » qui n'apporte rien. L'heure n'est pas à savoir si l'on peut changer le cadeau, mais à la découverte par le bénéficiaire de ce que vous avez prévu pour lui. Grâce à vous, il a entre les mains quelque chose qui lui témoigne votre amitié ou votre amour. Laissez-le savourer et vivre ses émotions. Savourez-les aussi. Vous êtes dans le partage. Au fond, c'est cela un cadeau réussi !

À retenir : Pourquoi polluer les moments de partage par des considérations pessimistes ?

5. Imaginez que le cadeau va plaire !

Lorsque l'on reçoit un cadeau, il y a 3 types de réactions courantes :

- Une vraie satisfaction tant le cadeau est bien choisi et ravit son bénéficiaire.
- Une légère déception qu'il ne vous montre pas pour éviter de vous contrarier.
- Un irrésistible besoin de le revendre ou de l'échanger dès que vous aurez tourné le dos.

Le premier cas est encore le plus fréquent, alors misez dessus. Là comme ailleurs, l'optimiste joue gagnant.

À retenir : Pourquoi imaginer que votre cadeau ne plaira pas et briser dans l'œuf les émotions positives à vivre ensemble ? Pourquoi penser, par avance, que le cadeau sera raté ? Il sera réussi, puisque vous avez fait ce qu'il fallait pour ça.

Vous n'avez plus qu'une chose à faire… à présent (c'est le mot !) : adoptez cette nouvelle attitude optimiste et dites au bénéficiaire du cadeau « J'ai pensé que ce cadeau te ferait plaisir… » au sens où « J'ai cherché un cadeau qui te corresponde ». **Là est le message positif important.**

SOLUTION

LA SOLUTION CLÉ EN MAIN

~~**« Tu peux le changer (mon cadeau !) »**~~

« J'ai pensé que ce cadeau te ferait plaisir. »

1. N'ayez plus peur de décevoir.

2. Rassurez-vous, le bénéficiaire du cadeau vous aime toujours !

3. Parlez-en en amont !

4. Valorisez la remise du cadeau.

5. Imaginez que le cadeau va plaire !

JE PASSE À L'ACTION !

Vous avez installé ce réflexe optimiste dans votre esprit, agissez maintenant sur le terrain, c'est-à-dire dès la prochaine fois où vous envisagez d'offrir un cadeau. Par exemple : « Pour son anniversaire dans quinze jours, j'offre à Marion ce pull bleu angora qui ne pourra que lui faire plaisir ! » Et dès que vous avez honoré votre engagement, rendez-vous page 265 pour cocher la case correspondante et apprécier vos progrès.

5 — 5 MINUTES D'OPTIMISME CONCRET ! JE RAISONNE SOLUTION

« ENCORE UNE TUILE QUI ME TOMBE DESSUS, JE SUIS DÉCOURAGÉ(E) »

Un problème surgit. Tout nouveau tout chaud, il vient compléter la panoplie de ceux qui se sont invités dans votre vie. Le découragement vous guette, votre combativité est en berne et le pessimisme, lui aussi, vous visite au point qu'il vous souffle d'abandonner la partie.

Inutile de distinguer les problèmes sérieux des problèmes ordinaires : qu'ils soient légers ou plus importants, quand les problèmes arrivent… ils arrivent ! Même si leurs conséquences diffèrent, de la plus anodine à la plus extrême, ils vivent avec vous et s'imposent à vous. Et comme ils n'ont pas vraiment l'intention de vous lâcher, les petits comme les gros problèmes, de ce point de vue, sont logés à la même enseigne.

La question est donc de savoir : comment réagir efficacement ?

On distingue 5 façons d'accueillir un problème :

1. L'accueil « autruche » : Un problème… où ça ? Ah booooonn, où ça ?

Vous faites comme si vous n'aviez rien vu. Vous n'osez tellement pas l'affronter que vous n'osez pas non plus le regarder. Mais ne pas vouloir regarder un problème ne signifie pas qu'il n'existe plus !

Réfléchissez-y à 2 fois car un problème non traité grossit très vite et peut revenir en 2 fois plus gros vous faire un coucou… deux fois plus pénible.

2. L'accueil « tonique » : Un problème ? Je vais régler ça en deux temps trois mouvements. Allez hop, voilà une solution, bim boum, enlevez c'est pesé !

Vous n'avez pas envie d'être dérangé ou perturbé et vous réagissez plus que vous n'agissez, vous débarrassant du problème en lui appliquant la première solution qui vous vient à l'esprit, même inadaptée ! Vous pouvez faire (beaucoup) mieux.

3. L'accueil traditionnel : Pffff… encore ? Mais pourquoi ça tombe toujours sur moi… ce n'est pas juste… je n'ai pas de chance…

Rouspéter comme un forcené contre les uns, les autres ou les circonstances vous détourne du véritable enjeu : vous attaquer à cette fichue tuile qui vous ennuie tant. Du coup elle hurle de rire, la tuile, en voyant combien vous êtes inoffensif et n'êtes pas en mesure de la contrer efficacement. Allez ouste, du balai, une fois pour toutes, laissez cet accueil à d'autres…

C'est un classique du réflexe pessimiste ! On n'est jamais déçu avec ce type d'accueil car il produit toujours les mêmes résultats : sur l'instant il soulage, il défoule, il peut même faire du bien, puis il se montre ensuite totalement inefficace.

4. L'accueil « On verra ça demain » : Retenez-moi où je traite le problème demain… ou mardi prochain… C'est ça, mardi… ou plutôt le mardi de la semaine d'après.

Autant dire que vous ne traiterez jamais le problème. Avec les conséquences que vous savez. Repousser sans cesse la résolution d'un problème est un réflexe pessimiste qui n'apportera rien de bon. À fuir !

5. L'accueil positif

Un problème vous tombe dessus ? Acceptez-le, puisqu'il est là. Certes, il ne s'agit pas de sabler le champagne quand un problème surgit, surtout s'il est sérieux. Mais, sérieux ou pas, le négliger, faire comme s'il n'existait pas, le nier, l'agonir d'injures et le repousser en 2078 est une démarche profondément pessimiste et totalement inefficace.

Pour prendre un exemple (d'intensité légère), vous devez vous exprimer lors d'une soirée et c'est la tuile : vous êtes très enrhumé. À quoi bon ruer dans les brancards, fustiger celui qui a laissé la climatisation allumée, à quoi bon vous lamenter ? « C'est gand bèbe bas de chance, juste aujourd'hui où je dois brendre la barole… »

Tout cela est inutile, pompe votre énergie et conduit à l'inefficacité. La vie vous envoie un rhume, pourquoi le prendre en grippe ? Raisonnez Solution : prenez ce que la vie vous donne.

En agissant ainsi, sans vous décourager quand il s'agit d'une tuile, **vous créez les conditions positives et dynamiques permettant** d'influencer favorablement le cours des choses.

L'optimiste raisonne Solution : il accepte ce que la vie lui donne car tout commence là !

« LES CV NE SERVENT À RIEN, J'EN AI ENVOYÉ DES DIZAINES SANS RÉSULTAT »

LE SCÉNARIO HABITUEL

Quand les temps sont durs, et qu'il n'est pas évident de décrocher l'emploi de ses rêves, beaucoup sombrent dans le pessimisme le plus noir. Qui ne connaît pas en effet autour de lui, Martin ou Géraldine, Mourad ou Léa, qui, à tout âge, avec ou sans expérience, bombardent de CV de multiples employeurs potentiels sans obtenir de résultats ?

Au bout d'un certain temps, lassés, ils se découragent et finissent par conclure : « On est inutiles, les recruteurs ne nous regardent pas, les jeux sont faits d'avance, on ne veut pas de nous, bref, tout est biaisé puisque l'on n'a pas décroché d'entretien d'embauche. »

On peut raisonner comme ça. On peut invoquer la faute des employeurs, la discrimination à l'embauche, la concurrence pléthorique et *tutti quanti*.

On peut aussi en remettre une couche, et cette fois, on critique le système éducatif, le gouvernement (toutes tendances confondues), ce ramassis d'incapables, l'Europe qui fait ce qu'elle veut, le prix du pétrole, les travailleurs détachés, la concurrence chinoise et le chapeau de la reine d'Angleterre.

Résultat ? Rien de concret n'émerge pour le chercheur d'emploi si ce n'est une montée en flèche de la rancœur, du sentiment d'exclusion, de l'injustice et l'envie irrésistible de faire porter le chapeau, non plus à sa Gracieuse Majesté, mais à tous les autres.

Vous cherchez un job et vous vous reconnaissez dans cette situation ? Ce qui suit est pour vous !

Le réflexe pessimiste : « Les CV ne servent à rien, j'en ai envoyé des dizaines sans résultat. »

Un des plus redoutables effets du pessimisme est de s'aggraver et de s'amplifier lui-même. Vous développez un pessimisme de plus en plus sombre, vous ne croyez plus en rien, votre moral descend dans les chaussettes et s'y loge.

Deux attitudes négatives vous envahissent :

Vous avez le sentiment que rien ne fonctionne

La spirale négative fait naître l'idée coriace que rien ne fonctionne malgré vos multiples envois de CV restés sans réponse de la part des recruteurs. Conséquence : une mécanique très simple se met en place. Elle ressemble à ceci : vous n'obtenez pas de réponse aux CV envoyés, donc vous râlez mais ne changez rien, donc vous n'obtenez pas de réponse, donc vous râlez plus fort mais ne changez rien, donc vous n'obtenez pas de réponse, donc vous râlez encore plus fort mais ne changez rien, donc… Cela défoule… mais ne mène nulle part : vous n'avez toujours pas de réponse. Et cela peut durer longtemps.

À retenir : Plus vous râlez, moins vous agissez et plus vous broyez du noir. Résultat ? Aucun !

Vous perdez votre combativité

Vous consacrez tellement d'énergie à protester, à vous plaindre, à prévoir des lendemains qui déchantent, que vous perdez votre énergie : votre combativité suit une mauvaise pente. Vous perdez l'envie et les idées pour faire ce qui, pourtant, est indispensable : prendre le taureau par les cornes, changer de discours et faire du CV un allié.

À retenir : Au lieu de multiplier vos chances de décrocher des entretiens, le pessimisme vous en empêche en ne vous soufflant que de mauvais conseils. Sans parler du maxi stress dont il vous charge.

Sans vous en rendre compte, vous êtes en train d'alimenter un pessimisme qui se renforce sans cesse et vous conduit exactement là où vous ne voulez pas aller. Désormais, il est temps d'inverser la vapeur et d'envoyer ce pessimisme au seul endroit où il mérite d'aller : la poubelle.

La solution optimiste : « Mon CV est mon allié, je le bichonne. »

1. Abandonnez la posture de victime

Avant tout, abandonnez définitivement la posture de victime (« Ce n'est pas ma faute, c'est les autres »), laissez-la à ceux qui n'ont pas d'autre os à ronger.

Remplacez le pessimisme par une vision positive des choses, 100 fois plus efficace. À sa place, appliquez les recommandations qui suivent pour instaurer une spirale dynamique, créatrice d'opportunités et mettre dans votre tête le bon carburant. En bref :

- pas de discours inutile ;
- du concret ;
- de l'optimisme opérationnel qui produit chaque jour des résultats probants.

À retenir : Rien n'est jamais garanti dans la vie sauf une chose : si vous ne faites rien, vous n'aurez aucun résultat !

2. Ne négligez pas votre CV

Cessez de croire que les CV ne servent à rien : au contraire ! Il faut juste comprendre leur utilité et les rédiger de la bonne manière. Votre CV est un allié précieux. Or, comme tous les alliés, il a ses humeurs. Le soigner avec tact, prendre soin de lui chaque jour jusqu'à ce qu'il brille et soit « sortable » vous fera voyager loin et dans de bien meilleures conditions qu'un discours définitif pessimiste… archi faux.

D'ailleurs, faites le test : dès que vous recevrez une réponse favorable pour un entretien (*yesss !*), vous changerez d'avis en un éclair et ne direz plus que les CV sont inutiles. En réalité, tout n'est que perception des choses : quand on n'a pas de résultats, on critique, et quand on en obtient… on passe à autre chose !

À retenir : Le CV est indispensable dans votre recherche d'emploi. Le négliger ne vous mènera à rien de positif.

3. Un CV sans fautes d'orthographe… c'est mieux

Généralement les CV ont belle apparence, certains candidats croient utile d'y ajouter une touche de couleur, des formes, des images, etc. Laissons les créatifs s'exprimer, et intéressons-nous au fond. Même si les fautes deviennent courantes dans le monde professionnel – hélas – soumettre votre CV avec plus de fautes qu'une calculette ne compte de boutons est rédhibitoire. Vous serez retoqué. Certes, vous pouvez être un excellent professionnel tout en faisant deux fautes par mot. Ce n'est pas faux mais vous pouvez être un meilleur pro encore en ne faisant pas de fautes du tout !

Une astuce si vous doutez de votre orthographe ? Rien ne vous empêche de faire corriger votre CV par un proche avant de l'adresser à votre futur et potentiel employeur.

À retenir : Pour mettre les atouts de votre côté, soignez l'orthographe... Votre lecteur n'a pas à endosser les habits de Champollion pour déchiffrer votre CV !

4. Pour retenir l'attention du recruteur : démarquez-vous !

Les candidats ont tendance à dresser la liste des postes successivement occupés dans leur carrière et les alignent comme à la parade. Inscrire les postes occupés, c'est bien mais pas très riche en infos, on s'ennuie vite.

Allez plus loin qu'une simple énumération de postes. Comment ? C'est très simple :

- Démarquez-vous en indiquant ce que les fonctions occupées vous ont appris.
- Mettez en évidence comment vous pourriez utiliser ces compétences dans le poste que vous convoitez.

Inutile de prévoir 10 pages de tartine indigeste : quelques points significatifs suffisent, choisis pour éveiller l'intérêt de votre lecteur ou interlocuteur. Trouvez l'argument qui fera tilt, et décidera un recruteur à vous convoquer. Par exemple : établissez un pont entre un autre poste (significatif) de votre CV et votre futur job. Vous devenez ainsi un candidat à considérer.

Cogitez donc, retournez votre expérience – même modeste – dans tous les sens et mettez en avant les points intéressants : l'anecdote démonstrative, le résultat obtenu, etc. Bref, tout ce qui permet au recruteur de vous imaginer dans le poste qu'il propose.

À retenir : Du simple stage au poste à hautes responsabilités, plus que les fonctions occupées, mettez en valeur vos acquis et contributions. Montrez au recruteur combien vous avez été impliqué, entreprenant, actif, performant.

Comment décrire ce que vous avez appris, compris et retenu

Vous pensez que ce n'est pas facile de se démarquer en mettant en avant ce que vous avez appris dans vos fonctions précédentes ?

Répondez à ces 3 questions :

- Qu'avez-vous réussi, modifié, lancé, fait évoluer ?
- Comment cette expérience fait-elle de vous, aujourd'hui, le candidat idéal ?
- Comment comptez-vous l'adapter au poste visé ?

Et utilisez vos réponses comme des arguments à mettre en valeur dans votre CV.

5. Ne négligez rien, pas même les loisirs !

Admettons que vous soyez passionné de triangle. En soi, cette information ne bouleverse pas le recruteur. Là encore, allez plus loin, suscitez son intérêt, expliquez-lui que le triangle en question n'est pas une figure mathématique mais un... instrument de musique, dont vous jouez dans un orchestre symphonique et que cette activité vous a appris mille choses utiles que vous pouvez adapter dans l'entreprise : travailler en équipe, respecter et valoriser ses partenaires, intégrer son objectif individuel dans un objectif collectif... *Tiens, tiens,* se dit le recruteur, *n'y aurait-il pas de la graine de manager chez ce candidat ?* Voilà comment la passion du triangle lui délivre une information carrée. Et vous évite de tourner en rond. Car clairement, vous commencez à bigrement l'intéresser.

À retenir : Ne dit-on pas que le diable se cache dans les détails ? C'est pourquoi il ne faut pas négliger la partie concernant vos loisirs dès lors qu'elle en dit plus sur vous et sur votre adaptation au poste vacant que votre simple passion pour la planche à voile ou la tarte aux fraises.

La lettre de motivation

Si vous devez accompagner votre CV d'une lettre de motivation, gardez le cap suivi jusqu'ici. Un résumé en 3 points :

- Oubliez complètement les phrases bateaux, sans caractère ni message personnalisé.
- Parlez de l'entreprise à laquelle vous vous adressez, ne donnez pas le sentiment que votre lettre s'adresse indifféremment à une société de pompes funèbres ou à une maternité. Vous feriez naître un froid et mourir une motivation !
- Dites pourquoi vous avez vraiment envie de travailler en son sein et quelles qualités précises vous allez mobiliser une fois embauché.

En résumé : montrez que vous êtes sincèrement motivé !

6. Faites rêver le recruteur !

Faites-le rêver de travailler avec vous. Montrez-lui qu'il ne doit pas vous laisser passer. En sortant des sentiers battus, en vous écartant de ce que font la plupart des candidats, vous avez toutes les raisons d'être optimiste, car, tôt ou tard, vous allez décrocher cet entretien qui vous tient à cœur. En attendant, au lieu de vous lamenter, sport favori des pessimistes, vous agissez, sport favori des optimistes. Excellente décision.

À retenir : Le souhait le plus cher d'un recruteur est de trouver LE bon candidat. Mais comment pourrait-il vous repérer si vous ne lui offrez que le tout-venant, l'ordinaire, l'habituel ? Que pourrait-il sortir d'excitant, d'enthousiasmant d'un CV banal et triste ?

Certes, un CV performant vous demandera des efforts, car il ne « sort pas » en deux heures : il se peaufine régulièrement. Changez ce qui doit l'être autant de fois que nécessaire et attendez sereinement, sans vous endormir, en restant à l'affût d'une nouvelle idée pour l'enrichir. Le jeu en vaut la chandelle et dites-vous que vous progressez à chaque fois. D'ailleurs, l'optimiste n'attend rien qui tombe du ciel, il agit pour obtenir ce qu'il souhaite et modifie ce qui doit être modifié.

SOLUTION

LA SOLUTION CLÉ EN MAIN

~~**« Les CV ne servent à rien, j'en ai envoyé des dizaines sans résultat. »**~~

« Mon CV est mon allié, je le bichonne. »

1. Abandonnez la posture de victime.

2. Ne négligez pas votre CV.

3. Un CV sans fautes d'orthographe… c'est mieux.

4. Pour retenir l'attention du recruteur : démarquez-vous !

5. Ne négligez rien, pas même les loisirs !

6. Faites rêver le recruteur !

JE PASSE À L'ACTION !

Vous avez installé ce réflexe optimiste dans votre esprit, agissez maintenant sur le terrain et retravaillez votre CV de A à Z. Par exemple : « Je dis aussi pourquoi la pratique de l'alpinisme m'aide à gérer les situations tendues dans les équipes. » Et dès que vous avez honoré votre engagement, rendez-vous page 265 pour cocher la case correspondante et apprécier vos progrès !

« C'EST NUL ! »

LE SCÉNARIO HABITUEL

S'il y a un marronnier du pessimisme, c'est bien celui qui tient en ces deux mots, « C'est nul », qui qualifient indifféremment des situations, des gens ou des événements.

« C'est nul », dit Julie, 12 ans, parlant de son prof d'histoire qui note trop sévèrement. « C'est nul », dit François, 59 ans, découvrant le projet décoiffant de l'équipe marketing. « C'est nul », dites-vous en regardant dans vos mains, les billets d'accès à la tétralogie de… Eh oui, en passionnée d'opéra et fan inconditionnelle du grand Richard Wagner, depuis son enfance, votre belle-mère vous menace… pardon… vous le promet :

— Un jour, je t'emmènerai à Bayreuth.

— À Beyrouth ?

— Non, à Bayreuth ! Tu vivras un temps fort de ta vie, une merveille d'opéra dont tu te rappelleras. Ahhh, la chevauchée des Walkyries, un sommet, je frémis chaque fois que je l'entends.

C'est nul, pensez-vous en espérant que jamais ne se présente ce jour maudit. Votre truc, c'est Coldplay en concert, vous adorez vous déhancher dans la fosse à 5 mètres des musiciens, chantant, hurlant à vous époumoner : « *Houhouhouhouhouhouuuu... houhouhou Houhouhou... When she was just a girl... She expected the world...* »

Alors vous retrouver à Bayreuth, scotché pendant trois heures à un inconfortable siège de velours rouge, entouré de pingouins en queue de pie et de princesses en robe du soir, n'osant pas bouger une oreille de peur de vous faire incendier par ce public de quatrième (cinquième ?) génération, vraiment, vous le pensez très fort : *C'est nul, archi nul*. D'autant, vous dit fièrement votre belle-mère, que l'œuvre ne se limite pas aux *Walkyries*. Bref, vous allez avoir droit non à un opéra mais à quatre ! Euh… une petite quinzaine d'heures pas plus. Assommé par la nouvelle, vous touchez le fond, *C'est nul… nul… et archi nul !*

Vous vous dites que cela ne risque pas de vous arriver ? Eh bien, justement, si… car le raisonnement pessimiste s'applique partout. On le croit réservé à des situations particulières. Erreur ! Il s'applique de la même

manière aux situations courantes : un film que vous venez de voir, un dîner avec des amis, etc.

Le réflexe pessimiste : dire immédiatement « C'est nul ! »

Quel pouvoir tout de même… En seulement trois mots, même pas 10 lettres, cette expression exprime avec force un avis à la fois clair et définitif. Elle s'applique à toutes les époques, tous les sujets, tous les âges : « Ce livre est nul », « Ce voyage est nul », « Ce présentateur est nul », etc. Pourquoi le pessimiste qui est en vous prononce-t-il « C'est nul » ? Pour 3 raisons :

Pour exprimer un mécontentement

Ce que vous jugez « nul » est en décalage avec vos centres d'intérêt :

- Exemple : vous adorez le rock ou l'électro et vous retrouvez à Bayreuth pour quinze heures d'opéra. Évidemment, cela fait un « gap ».
- Résultat : cela engendre un mécontentement et une frustration qui renforcent votre a *priori* négatif.

Pour faire vite et passer à autre chose

Vous ne prenez pas vraiment le temps de regarder le sujet et donnez un avis couperet sur la base d'une première et furtive impression :

- Exemple : on vous apporte un projet de développement des ventes. Or, vous êtes entièrement mobilisé par autre chose et n'avez pas de temps à perdre. Écoutant la présentation d'une oreille distraite, le verdict tombe en dix secondes : « Ce projet est nul ». Le voilà habillé pour l'hiver, et même pour l'été, car il ne verra jamais le jour. Courant déjà après le temps, pourquoi iriez-vous en perdre davantage encore pour examiner un dossier auquel, reconnaissez-le, vous n'avez pas laissé l'ombre d'une chance ?

- Résultat : l'injustice n'est pas loin, car le projet est condamné, non vraiment en raison de son contenu, si rapidement présenté, mais parce que vous êtes absorbé par d'autres préoccupations.

Pour éviter quelque chose qui vous dérange

Lorsque quelque chose vient bousculer votre position, vos intérêts, voire votre ego, il est tellement tentant de le dénigrer :

- Exemple : officiellement, vous n'appréciez pas tel nouveau produit qui, pourtant, ravit vos voisins et de plus en plus de consommateurs. Vous lui trouvez tous les défauts de la Terre : trop petit, trop grand, trop fragile, trop cher. Et vous le descendez en flammes aux yeux de vos collègues dès que l'occasion se présente. Voyons, ne serait-ce pas parce que ce produit qui cartonne est l'œuvre de votre concurrent ? Et que son succès vous fait de l'ombre ? Clairement, la réussite de l'autre vous perturbe, et, officieusement, vous le trouvez très réussi ce produit !

• Résultat : en jugeant « nulle » une nouvelle offre qui, elle aussi, se vend comme des petits pains, n'avouez-vous pas votre incapacité à la proposer vous-même, vous qui cherchez la bonne formule, depuis des lustres, sans la trouver ? Si bien sûr.

À retenir : Vos prises de position, vos paroles, sont importantes et influencent le comportement des autres. Par conséquent, au-delà du « C'est nul », prononcé comme une simple facilité de langage, presque par amusement, se cache une réalité plus complexe pénalisant votre bien-être et celui de votre entourage.

Le dénigrement ne rend pas meilleur

Êtes-vous fier de dire « C'est nul », sachant combien votre véritable avis est plus nuancé ? Soyons réaliste : ce comportement pessimiste, limite de mauvaise foi, vous renvoie à vos propres insuffisances :

- D'une part, vous tombez dans la critique systématique, facile mais très fragile sur le fond, car, sauf cas exceptionnel, qu'est-ce qui est vraiment si nul que ça ? Pas grand-chose en vérité. Votre critique manque donc de crédibilité et révèle quelque chose de négatif : vous souffrez de ne pas être au niveau de l'autre ou de son produit, par exemple.

→

- D'autre part, à la longue, cette approche pessimiste de ce que sont, ou de ce que produisent les autres, déforme votre perception des situations et des gens. Si ce que font les autres est nul et que vous n'êtes pas à leur niveau, comment jugez-vous ce que vous-même produisez ?
- En résumé : dénigrer est une attitude négative qui ne vous rendra pas meilleur.

Affirmer « C'est nul » n'est pas neutre et révèle une attitude négative. Elle entache votre qualité de vie, personnelle et professionnelle. Pourquoi la laisser prospérer et vous affaiblir en même temps ?

La solution optimiste : « Dans chaque situation, je trouve un point positif et rebondis grâce à lui. »

Aussi incroyable que cela puisse paraître, chaque événement porte en lui un point positif. Il suffit de le trouver. Vous pensez ne pas en être capable ? Commencez par adopter ce réflexe optimiste en seulement 2 étapes :

1. Prenez de la hauteur sur les événements, puis...

Tout d'abord, plongez dans votre vie et identifiez les épisodes forts, des situations « nulles » y compris, naturellement, celles dont vous gardez de mauvais souvenirs et qui prêtent à conséquence. Et prenez de la hauteur sur ces épisodes.

Donnez-vous le temps qu'il faut pour prendre du recul sur les choses et les regarder de manière objective. Et passez à la deuxième étape de cette solution optimiste.

À retenir : Regarder les situations de manière objective peut demander un travail sur vous-même. Beaucoup se font même accompagner tant ils n'arrivent pas à séparer les faits de ce qu'ils pensent des faits. Mais, croyez-moi, j'ai eu ma part d'expériences douloureuses, et prendre du recul sur les choses s'est avéré décisif pour réussir à rebondir. Suivez cette recommandation, vous tenez là une clé de votre bien-être et de votre plaisir de vivre.

2. ...dégagez un point positif

Quand vous êtes prêt, regardez et confrontez les situations pour voir ce qu'elles vous enseignent. Adoptez une attitude objective et regardez ces situations à la loupe :

- Dans un premier temps : vous retombez inévitablement sur ce qui vous heurte, son cortège de désagréments, de déceptions, de douleurs.

- Dans un deuxième temps : la situation va révéler d'autres aspects d'elle-même. Des aspects diffus qui peu à peu grossissent jusqu'à devenir des évidences. Les voilà, ces fameux points positifs que vous n'aviez pas perçus tant la situation était jugée... nulle. Vous ne risquiez pas de les voir puisque vous ne laissiez à la situation aucune chance de se racheter en révélant un aspect plus encourageant.

À retenir : Tout événement comporte au moins un point positif. Certes, il ne change pas la situation, il n'efface ni ne modifie les faits, mais il vous permet seulement – et c'est beaucoup – de mieux la comprendre, mieux l'analyser, mieux la vivre, et finalement, mieux avancer.

Application pratique avec un cas concret

Votre belle-mère vous offre quinze heures d'opéra, là où quinze heures de Coldplay (ou autre) vous auraient enchanté. Ce qu'elle ne peut ignorer.

Au départ, cette situation « nulle » vous irrite. Vous vous demandez si elle a cherché à vous faire plaisir ou à se faire plaisir.

Revenez à plus de sérénité et **prenez du recul** sur cet épisode avec un raisonnement qui, naturellement, s'applique à bien d'autres situations. **Soyez objectif** :

- OK, l'opéra n'est pas votre tasse de thé mais il l'est pour un grand nombre d'amateurs.
- Ceux-ci ne sont pas forcément moins bons ni moins « à la page » que vous ne l'êtes.
- Peut-être parmi eux y a-t-il aussi des fans de Coldplay. Après tout, aimer la musique c'est aussi aimer divers genres musicaux.
- En quoi ne pas aimer l'opéra vous empêche-t-il d'apprécier le travail réalisé pour assurer quinze heures de représentation ? Ne pouvez-vous pas apprécier la qualité des décors, le talent des

chanteurs, des instrumentistes, la beauté du lieu, etc., même si vos goûts sont différents ?

Et ce n'est pas tout, élargissons l'analyse à ce qui entoure l'événement. Là aussi, **les points positifs sont nombreux** :

- Vous allez voyager et découvrir une partie de la Bavière : nouvelle région, nouvelle architecture, nouvelle cuisine, il y a pire.
- Vous allez aussi rencontrer des inconnus, parmi eux des gens intéressants, avec qui vous parlerez musique et partagerez des émotions. Qui sait, peut-être allez-vous développer une nouvelle amitié, voire plus si affinités ?

Et puis : votre belle-mère n'est peut-être pas celle que vous pensez. Ayant déjà vu 3 fois cette œuvre monumentale, son souhait le plus cher était, non de la voir une quatrième fois mais de vous y initier, de vous montrer que la musique a mille facettes. Ceci pour vous, rien que pour vous. Finalement, vous découvrez les bonnes intentions de votre belle-mère et vous vous rapprochez d'elle. Et, pourquoi pas, peut-être vous accompagnera-t-elle à son tour voir Coldplay ou un de vos groupes favoris en concert ?

Maintenant, prenez appui sur ce point positif pour organiser votre rebond.

3. Optez pour des mots optimistes

Pour une pleine efficacité, débarrassez-vous d'abord de ces trois mots « C'est nul ». Souvent employés à la va-vite, ils véhiculent un jugement abrupt, hâtif et le plus souvent inexact qui n'a pas sa place dans la conversation d'une personne constructive.

À retenir : Des mots optimistes favoriseront toujours plus votre qualité de vie et votre rayonnement personnel que ce trop répandu « C'est nul ».

4. Transformez les difficultés en opportunités

Vous avez identifié un ou des points positifs, la moitié du chemin est faite ! Utilisez-le comme tremplin, comme première marche de la reconquête. Vous serez ainsi dans une démarche optimiste : être constructif.

Voici 2 situations concrètes, l'une concerne votre vie privée et l'autre votre vie professionnelle :

- **Un film vous a déçu.** N'y a-t-il vraiment rien qui trouve grâce à vos yeux ? Rien parmi la musique, les décors, le jeu des acteurs, le scénario… les pop-corn ? Vous pouvez tirer parti de cette expérience :
  - En décidant d'économiser votre argent lorsque le réalisateur de ce film raté sévira à nouveau !
  - En observant, en périphérie de ce film décevant, tous les points positifs qui illuminent votre soirée : votre voisin par exemple et le bon moment passé ensemble à vous répéter combien, décidément, vous n'avez jamais rien vu d'aussi mauvais, vos fous rires à l'évocation de scènes sans queue ni tête, le verre que vous prenez

après la séance, etc. Et la sortie elle-même : une saine détente qui vous change les idées et ouvre sur d'autres choses.

Que des points positifs extraits d'une situation qui l'est moins. Voilà comment une soirée apparemment ratée se transforme en soirée réussie !

- **Vous n'adhérez pas au projet présenté par vos collègues** : vous trouvez un peu déjanté celui de l'équipe marketing. Mais 100 % des idées émises sont-elles à mettre au rebut ? N'y en a-t-il aucune à reprendre et à améliorer ? Si, probablement, il y en a bien une. Choisissez-la et développez-la. Par exemple : le projet est peut-être déjanté, soit, mais l'équipe est créative. C'est un point fort en marketing. Elle peut retravailler le dossier et repenser son approche. Vous pouvez même l'y aider, enrichissant les échanges et les chances de faire évoluer la première mouture vers un projet totalement opérationnel.

À retenir : Un optimiste déçu reste… un optimiste déçu ! Mais à la différence des pessimistes chroniques, il s'autorise à « accuser le coup ». Puis, il sait trouver les points positifs à toute situation. Enfin, il s'appuie sur eux pour rebondir. Voilà comment l'optimiste transforme les difficultés en opportunités.

Apprendre de toutes les situations, même des plus catastrophiques

Lorsque survient une catastrophe, du *Titanic* au *Concordia*, du vol Rio-Paris aux tremblements de terre, que se passe-t-il concrètement ? On en cherche les raisons et on les trouve le plus souvent. Puis, l'on s'appuie dessus pour faire progresser les techniques et la sécurité en général.

Ce processus n'occulte rien du passé et ne fait oublier ni les souffrances ni les victimes. Simplement, le mot est faible, il permet de dégager quelque chose de positif et de réaliser des avancées considérables.

Installez ce réflexe positif, concret et optimiste : dans chaque situation je trouve un point positif et rebondis grâce à lui.

SOLUTION

LA SOLUTION CLÉ EN MAIN

~~**« C'est nul! »**~~

« Dans chaque situation je trouve un point positif et rebondis grâce à lui. »

1. Prenez de la hauteur sur les événements, puis…

2. …dégagez un point positif.

3. Optez pour des mots optimistes.

4. Transformez les difficultés en opportunités.

JE PASSE À L'ACTION !

Vous avez installé ce réflexe optimiste dans votre esprit, agissez maintenant sur le terrain, dans votre réalité quotidienne. Par exemple : « Finalement la demande de Marco est loin d'être nulle. J'ai même trouvé une idée sur laquelle rebondir ensemble. Je l'appelle aujourd'hui. » Et dès que vous avez honoré votre engagement, rendez-vous page 265 pour cocher la case correspondante et apprécier vos progrès

« ATTENTION ! »

LE SCÉNARIO HABITUEL

Lundi matin, 7 heures. C'est le même quotidien pour Sylvia : préparer et amener ses deux enfants, Oscar et Valentine, à l'école. Et comme tous les jours, du moment où ils sont levés jusqu'à ce qu'elle les dépose, ce sont les mêmes recommandations :

- « Attention, Oscar, tu vas prendre froid. Prends bien ton écharpe avant de quitter la maison. »
- « Valentine, attention à tes affaires… »
- « Attention à la voiture, Oscar, avant de traverser. »

Sauf que ce train-train habituel est interrompu par les enfants qui, ce jour-là, soufflent et râlent : « Attention, ceci, attention, cela… Y en a marre avec vous les adultes ! Déjà papi et mamie ils nous le disent tout le temps. Vous nous faites peur à force ! »

Abasourdie par cet inédit début de semaine, commencent alors, pour Sylvia, les cogitations qui sont aussi… les vôtres. Et comme la vérité sort de la bouche des enfants, écoutez vos chères têtes blondes qui n'en peuvent plus de ce chapelet quotidien de mises en garde.

Du matin au soir, dans de nombreuses circonstances, vous répétez à vos enfants ce mot si anxiogène, « Attention ! ». C'est plus fort que vous. D'ailleurs, vous avez été élevé à ce biberon-là. Vos amis aussi et tous les gens que vous connaissez ont un jour ou l'autre lâché, crié, hurlé ces « Attention ! ».

Vous pensez que cela fait partie de votre personnalité et que vous n'y pouvez rien ? Cet « Attention ! » est exprimé par votre redoutable « voix intérieure », la fameuse « Miss Catastrophe ». Elle est votre voix négative qui construit et entretient un pessimisme pur et dur dans votre entourage. Et par qui commence-t-elle ? Par les enfants, bien sûr ! Dès le plus jeune âge, le festival commence : « Attention, tu vas tomber… Attention au monsieur… »

Lorsque les enfants grandissent, cette voix intérieure enfonce le clou et les décourage de se lancer, d'entreprendre, d'essayer : « Attention, c'est difficile... Attention, ne prends pas de risque... Attention, tu n'es pas assez fort... Attention à tes affaires... Attention, ce n'est pas de ton âge, etc. » Puis vient l'adolescence, la période des questionnements, Miss Catastrophe, la multinationale du pessimisme est très active sur ce créneau ! Ayant déjà miné le terrain, elle poursuit son travail de sape. Alors l'avalanche reprend, tous sujets, tous azimuts : « Attention aux maladies... Attention à ton portable... Attention à tes fréquentations... Attention qu'on ne mette pas de drogue dans ton verre… Attention, tu te trompes d'orientation... Attention, il y a du chômage… »

Mesurez-vous combien vous entretenez une peur et un manque de confiance qui ne manqueront ni de resurgir lorsqu'ils prendront le volant ni de se transmettre à leurs propres enfants ?

Le réflexe pessimiste : alimenter les peurs par ce sempiternel « Attention ! »

Les peurs se transmettent

D'où vient le fait que vous assenez ces injonctions déclinables à l'infini ? La première explication est de rappeler combien vos parents eux-mêmes vous ont abreuvé de ces mises en garde perpétuelles. Dès lors, comment ne pas poursuivre sur le même registre et continuer, tout au long de votre vie, de voir ce qui ne marche pas plutôt que ce qui marche, de rester vissé aux problèmes en vous lamentant et de vous prédire des tas de déconvenues ? Comment ne pas reproduire sur vos enfants ces milliers d'injonctions « Attention ! » qui font partie de vous, de votre culture et de votre histoire ?

D'autres raisons expliquent ce comportement, mais l'objet de ce livre n'est pas de brosser votre profil psychologique. Il vise à vous faire prendre conscience que le pessimisme se répand (notamment) par des mots négatifs et répétitifs. Et à vous montrer comment un optimisme charpenté vous permet de vivre plus heureux, c'est dire l'importance de l'enjeu.

À retenir : Vous reproduisez sur votre progéniture ce qui vous a été transmis.

Vos peurs ont des effets négatifs sur vos enfants

Ce réflexe pessimiste qui consiste à dire trop souvent « Attention ! » ou « Fais attention ! » engendre de multiples peurs. Vous le dites une fois, tout ira bien, dix fois également, mais si vous prononcez ce mot des milliers de fois, dans de multiples situations et pendant des années, imaginez le nombre de peurs créées chez vos enfants.

À l'âge adulte cela fera presque vingt ans que votre voix intérieure pessimiste aura sévi dans leurs têtes. Vingt ans qu'elle y aura cultivé le jardin des peurs, arrosant les plantes du pessimisme, des pensées négatives, des craintes en tous genres. Vingt ans que l'injonction « Attention ! » aura favorisé le renoncement.

À retenir : Les enfants sont moins forts et plus influençables que les adultes. Imaginez alors l'effet que produit « Attention ! » répété à longueur de temps. Pourquoi les stresser davantage ?

Sans conteste, vous avez le pouvoir d'aider votre progéniture à suivre la voie de l'optimisme. Commencez par délaisser votre réflexe pessimiste stressant car « Attention ! » est votre faux ami.

La solution optimiste : « Je remplace "Attention !" par "Regarde..." »

Installez un nouveau comportement optimiste qui, tout en éveillant vos enfants à certaines réalités, leur donne plus de chances de vivre sereinement, sans voir un bandit derrière chaque arbre ou imaginer le pire dès qu'ils parlent à un inconnu.

Leur ouvrir les yeux sur les indiscutables points noirs de leur environnement fait partie de votre mission de parents. Bien sûr, il est des cas où prévenir d'un danger est indispensable. Contrairement à ce qu'en disent les pessimistes, l'optimiste est, par nature, réaliste.

À retenir : Pourquoi s'alarmer quand cela n'est pas strictement nécessaire ? Si aucun camion ne vous fonce dessus, invitez simplement votre enfant à regarder son environnement, dont, justement, ce camion qui arrive au bout de la rue.

1. Utilisez le mot « Attention ! » seulement dans les cas d'urgence

L'optimiste sait se remettre en cause pour aller vers le mieux. Installez donc une nouvelle habitude et réservez le mot « Attention ! » pour les seuls cas d'urgence et de réel danger sans, toutefois, provoquer de stress inutile.

En revanche, montrer la voie, faire réfléchir, donner des solutions concrètes sont des réflexes plus positifs et constructifs.

À retenir : En épargnant une collection de peurs à vos enfants (peur de se lancer, de se tromper, d'échouer) tout en les responsabilisant, n'est-ce pas cela leur forger un moral solide, durable, et tout-terrain ? Mesurez-vous l'inestimable cadeau que vous leur faites ?

2. Invitez à « regarder » plutôt qu'à « faire attention »

Et si vous demandiez à vos enfants de regarder ce qu'ils font plutôt que d'aboyer « Attention ! » dès qu'ils tentent quelque chose d'inhabituel. Juste regarder. Regarder, c'est agir avec plus de sérénité. Cela veut dire :

- en examiner les éléments ;
- recueillir de l'info ;
- puis se faire une opinion.

Sans stress inutile. Sans déclencher le plan Orsec. Sans s'alarmer, sans s'affoler, ni sursauter sous votre injonction « Attention ! » dite, parfois criée, de manière stressante et si inutilement.

Vous aiderez ainsi vos enfants à grandir plus sereinement, de manière optimiste, c'est-à-dire en les invitant à être attentifs aux choses, aux personnes et à l'environnement, mais sans imaginer l'accident dès qu'une voiture pointe le bout de ses phares. Dès lors, ils le feront et en prendront l'habitude. Ils élèveront ainsi leur niveau de conscience par rapport à leur environnement, y seront donc plus attentifs et réagiront mieux, si besoin.

À retenir : Les 3 solutions optimistes à suivre : montrer plus qu'alarmer ; créer l'intérêt plus qu'alerter ; agir calmement plus que s'affoler.

3. Trouvez des mots apaisants et utilisez un langage positif

En remplacement de « Attention ! » (sauf évidents cas d'urgence), vous pouvez choisir d'autres mots, plus apaisants, ou d'autres expressions plus constructives, selon les situations. La seule règle est qu'ils symbolisent :

- **la construction** et non la destruction ;
- **la confiance** au détriment de la peur ;

- **l’envie** et pas le renoncement ;
- **l’action** et non la passivité.

Modifiez votre vocabulaire dans un sens constructif, car le langage positif est un des instruments de l’optimisme et de l’optimiste.

À retenir : Et vous, en tant qu’adulte, ne préférez-vous pas entendre ou lire : « Respectez les pelouses » plutôt que « Interdit de marcher sur les pelouses » ; ou « Jusqu’à dix personnes » plutôt que « Pas plus de 10 personnes dans l’ascenseur » ?

Changez des formules négatives en formules positives

Le principe est simple (gage d’efficacité), remplacez cette injonction alarmiste, « Attention ! » par un mot apaisant et constructif.

Voici 3 exemples parmi des milliers :

- « Attention, tu vas tomber »… devient « Regarde où tu marches ».
- « Attention aux voitures »… devient « Regarde les voitures ».
- « Attention, c’est risqué »… devient « Regarde les choses attentivement ».
- « Attention à ton orientation »… devient « Fais bien le tour des filières possibles ».
- « Attention, tu vas tomber malade »… devient « Prends soin de ta santé ».
- « Attention aux risques »… devient « Calcule les risques ».

SOLUTION

LA SOLUTION CLÉ EN MAIN

~~**« Attention ! »**~~

« Je remplace "Attention !" par "Regarde..." »

1. Utilisez le mot « Attention ! » seulement dans les cas d'urgence.
2. Invitez à « regarder » plutôt qu'à « faire attention ».
3. Trouvez des mots apaisants et utilisez un langage positif.

JE PASSE À L'ACTION !

Vous avez installé ce réflexe optimiste dans votre esprit, agissez maintenant sur le terrain, dans votre réalité. Par exemple : « En promenant Marion demain, je remplace "Attention, tu vas tomber" par "REGARDE où tu marches". » Et dès que vous avez honoré votre engagement, rendez-vous page 265 pour cocher la case correspondante et apprécier vos progrès.

« J'IMAGINE TOUJOURS LE PIRE ! »

LE SCÉNARIO HABITUEL

Bonne nouvelle, Maurice, votre compagnon, vous emmène huit jours sur l'île du même nom. Hélas, vous ne verrez jamais Maurice avec Maurice puisque, avant d'atterrir, votre avion aura plongé dans l'océan Indien.

Au téléphone, François, le moniteur de ski, vous raconte la chute de votre fils Max. Pour vous, c'est clair, Max doit être très certainement à l'hôpital dans un état grave, et les médecins vous annonceront qu'il ne pourra plus remarcher.

Votre ami facteur vous apporte un pli recommandé et se transforme illico en un messager d'une mauvaise nouvelle, ben oui… un recommandé apporte forcément une mauvaise nouvelle, non ? Catastrophe, le propriétaire veut reprendre son appartement, pensez-vous aussitôt.

Ces exemples vous rappellent que vous aussi vous ne voyez que le pire, rien que le pire ? Dans l'échelle du pessimisme, vous occupez une position de premier plan, vous êtes une pointure. Quant à l'inconscient qui oserait vous souffler que tout va bien, que les choses sont différentes de ce que vous avez imaginé et qu'il n'y a vraiment aucune raison de s'inquiéter outre mesure… ouh là là, on craint pour ses abattis et c'est pour lui que cela va se gâter.

Le réflexe pessimiste : « J'imagine toujours le pire ! »

Certes, il est normal de s'inquiéter pour ses proches ou pour soi. S'inquiéter, modérément s'entend. Vous restez en alerte, à l'écoute, réactif si besoin, jusque-là, ça va.

Mais cela se complique quand toute situation quelque peu problématique vous fait envisager le pire, le dramatique, tout ce qui se fait de mieux dans le négatif. Bref, quand le pessimisme vous pousse à noircir à l'extrême chaque situation vécue, ou à venir, et à alerter inutilement les uns et les autres.

Ce que révèle votre habitude de tout dramatiser

Dramatiser toute situation n'est pas seulement une habitude. Cela révèle un état esprit profondément pessimiste. En effet, si vous succombez à ce regrettable comportement, c'est à cause de l'une de ces 3 raisons :

- **Vous êtes réfractaire à la nouveauté.** Par exemple, vivant à la montagne, vous pensez ne pas supporter votre déménagement à la mer et trouvez mille raisons à cela : autre mentalité, autre climat, autres conventions sociales. Vous envisagez déjà l'échec de cette nouvelle vie, d'autant que votre changement de poste crée, lui aussi, des bouleversements. Tous ces changements vous bousculent. Ni acceptés, ni assumés, ni même encore vécus sur le terrain, ils ne vous amènent qu'à une conclusion simple : votre déménagement sera – forcément – un fiasco.

À retenir : Que gagnez-vous à raisonner sur d'hypothétiques échecs ? Pourquoi perdre le contrôle sur une partie de la réalité et imaginer l'issue la plus défavorable ?

- **Vous agissez de manière irrationnelle** : la superstition guide beaucoup de comportements de manière irrationnelle. Comme les lycéens qui, après un examen, annoncent un désastre en vue de « provoquer » une bonne note : « Je dis que j'aurai

5 comme ça j'aurai 15, ça a marché la dernière fois. » Laissez donc ce réflexe de côté car il n'engendre aucun résultat positif et use votre entourage.

À retenir : Pourquoi fondez-vous cette pratique si pessimiste sur un simple pressentiment, une impression, un *feeling* ? N'êtes-vous pas en train de vous « tourner un film » qui consomme inutilement votre énergie et celle de ceux qui vous écoutent ?

- **Vous revivez une expérience passée** : vous avez vécu un échec ou une situation traumatisante, votre hantise est de la revivre et vous n'imaginez pas qu'elle puisse se représenter sans générer les pires désagréments.

À retenir : Imaginer que vous allez vivre de nouveau un échec, comme dans le passé, n'est-ce pas une vision systématique du pire qui vous empêche de vivre sereinement et de vous réjouir d'une quelconque (bonne) nouvelle ?

Les conséquences négatives

Allez, cogitez un peu : que gagnez-vous à imaginer systématiquement le pire partout et tout le temps ? Des pertes, vous ne gagnez que des pertes ! C'est un joli paradoxe, certes, mais une cruelle réalité. La liste serait trop longue, alors en voici quelques-unes :

- pertes de motivation et d'envie ;
- pertes d'efficacité et de crédibilité ;
- pertes de chances, d'opportunités et de résultats.

À retenir : À quoi bon alimenter un pessimisme qui plombe tout le monde ? Quoi de plus pénible que d'avoir à sa table, dans son bureau ou dans son lit une personne qui noircit n'importe quelle situation ?

Un excès d'inquiétude et la vision systématique du pire est un gâchis considérable pour vous et pour vos proches : adieu bien-être, qualité de vie, relations sociales harmonieuses ! Lorsque confiance et sérénité sont aux abonnés absents, qui cela aide-t-il ? Personne !

La solution optimiste : « Dans n'importe quelle situation, je pense (intelligemment) positif. »

1. Intégrez l'adversité comme une donnée fondamentale de la vie

Si vous considérez, dès le départ, l'adversité comme un élément constitutif de l'existence, alors vous serez plus efficace face à elle. Car elle n'épargne personne et concerne tous les domaines (santé, amour, job, argent, etc.) et peut frapper à votre porte à tout instant.

À retenir : La vie peut vous réserver, à un moment ou un autre, de très mauvaises nouvelles. Qui peut prétendre y échapper ? Personne. Le choix est donc entre intégrer cette donnée fondamentale pour être plus fort lorsqu'elle se présente ou la négliger… à vos risques et périls.

2. Soyez objectif

Puisque l'on ne peut y échapper, alors autant affronter les difficultés avec le plus d'objectivité possible. Avoir une vision objective et optimiste d'une situation, c'est mettre de côté les « Je crois, j'imagine, je pense », qui sont mus par l'anxiété, les peurs ou la superstition pour se concentrer sur les faits, rien que les faits.

À retenir : Sans la rechercher à tout prix, évidemment, ne vous plaignez donc pas de rencontrer l'adversité. Elle vous teste et vous rend tellement plus fort.

L'optimiste ne fuit pas les personnes négatives

Il est souvent conseillé de fuir les personnes négatives. On peut le comprendre tant leur pouvoir de nuisance est grand. Elles vous minent et seraient capables de décourager une assemblée de moines tibétains ! Il serait donc tentant de les fuir.

Mais l'optimiste se confronte aux difficultés. Sans se bercer d'illusions ni chercher à changer les gens, il sait pouvoir initier des améliorations précieuses pour chacun : c'est pourquoi l'optimiste montre, par l'exemple, d'autres manières de raisonner et de sortir par le haut des difficultés.

3. Voyez ce qui est

L'optimiste s'en tient aux faits, parce qu'ils constituent le seul ancrage dans la réalité d'une situation. Et comme ils sont eux-mêmes interprétables, voici une puissante technique en 3 étapes qui s'intègre dans une approche intelligemment positive. C'est une aide précieuse, car elle s'appuie sur des éléments objectifs et non sur des projections intellectuelles.

Première étape

Tracez trois colonnes. Quand une situation vous « interpelle », remplissez les deux premières colonnes. **Soyez sobre et concis, pas de détails inutiles, juste les faits**. Vous pouvez enrichir le tableau avec des dates et suivre votre évolution sur le long terme, ce sera d'ailleurs très instructif ! Mais ces trois colonnes suffisent déjà à votre… bonheur.

L'événement	Le pire que je prévois	Ce qui s'est réellement passé
Voyage à l'île Maurice	Accident d'avion	
Chute de ski	Max ne pourra plus remarcher	
Lettre recommandée	Le propriétaire récupère son appartement, on doit partir	

Deuxième étape

Une fois l'événement passé, indiquez dans la troisième colonne ce qui s'est réellement passé. **Soyez honnête, ne changez rien aux faits, inscrivez-les scrupuleusement.** Ne notez pas ce que vous en pensez, juste ce qui s'est finalement produit.

Troisième étape

Comparez : AVANT/APRÈS

L'ÉVÉNEMENT	LE PIRE QUE JE PRÉVOIS	CE QUI S'EST RÉELLEMENT PASSÉ
Voyage à l'île Maurice	Accident d'avion	J'ai visité Maurice avec Maurice
Chute de ski	Max ne pourra plus remarcher	Juste une double entorse. Max va bien et se remet normalement
Lettre recommandée	Le propriétaire récupère son appartement, on doit partir	La banque m'envoyait ma nouvelle CB : on reste !

Vous pouvez utiliser cette technique pour autant d'événements que vous le souhaitez. Cette méthode est particulièrement efficace pour prendre conscience des choses et rebondir en renforçant confiance, envie d'agir, motivation, et efficacité.

À retenir : Dresser un tableau Avant/Après permet de se rendre compte que la plupart des catastrophes que l'on se prédit ne se produisent pas, ou de manière très atténuée ! Tels sont les faits sur lesquels vous allez raisonner et construire votre optimisme.

4. Consolidez votre optimisme

Repensez à l'ensemble de votre vie. En réalité, combien de fois prévoir le pire était-il justifié ? Peu de fois. Cela ne veut pas dire qu'il ne vous est rien arrivé, mais que ce qui vous est arrivé n'avait pas la dimension dramatique redoutée. Vous vous êtes donc inutilement mis la rate au court-bouillon, pesant, en plus, sur le bien-être de vos proches et de votre entourage. À quoi bon ? **Tels sont les faits sur lesquels vous devez raisonner pour construire et consolider un optimisme de terrain, qui vous fera traverser n'importe quelle épreuve.**

À retenir : Pour une sérieuse déconvenue, combien de fausses catastrophes ? Combien de nuits blanches, de coups au cœur, combien de gorges asséchées par l'anxiété ? Combien d'heures, de mois, d'années perdus à vous tourmenter… pour rien ou pour tellement moins que ce que vous redoutiez ?

Installez donc cette solution concrète et optimiste : « Je pense (intelligemment) positif. » Elle va, à tous égards, améliorer votre qualité de vie.

SOLUTION

LA SOLUTION CLÉ EN MAIN

~~**« J'imagine toujours le pire ! »**~~

« Dans n'importe quelle situation, je pense (intelligemment) positif. »

1. Intégrez l'adversité comme une donnée fondamentale de la vie.
2. Soyez objectif.
3. Voyez ce qui est.
4. Consolidez votre optimisme.

JE PASSE À L'ACTION !

Vous avez installé ce réflexe optimiste dans votre esprit, agissez maintenant sur le terrain. Par exemple : « Mon entreprise est rachetée. Je remplis le tableau "Avant/Après" et prépare sereinement la suite. » Et dès que vous avez honoré votre engagement, rendez-vous page 265 pour cocher la case correspondante et apprécier vos progrès !

10 5 MINUTES D'OPTIMISME CONCRET ! JE RAISONNE SOLUTION

« JE N'Y PEUX RIEN, MOI ! »

Imaginons. Vous vendez des téléviseurs, votre client n'est pas, mais alors, pas content du tout.

– Oui… je sais, la livraison était prévue mardi dernier, mais je n'y peux rien. Le porte-conteneurs a une avarie, votre téléviseur ne vous sera pas livré avant dix jours minimum, je suis désolé…

— Écoutez, ce n'est pas possible, j'ai organisé une fête demain pour regarder l'ouverture des JO avec des amis. Tout le monde attend de les voir sur cette super télé à écran XXXXXL. On est plus de 20, tout est prêt, on a mis les petits plats dans les grands, c'est pas possible je vous dis. Vous devez me livrer.

— Croyez bien que je comprends la situation, mais, vraiment, je n'y peux rien… je ne peux rien faire, désolé.

— Arrêtez d'être désolé, je vous dis que tout est prêt, c'est trop tard pour annuler, livrez-moi ma télé, l'histoire du bateau, ce n'est pas mon problème, vous êtes responsable.

— Je… je com… je comprends votre déception, je suis désolé, mais ce n'est pas moi qui pilote le bateau, je n'y peux rien.

Crraaac… tiens, on dirait que le client a raccroché !

Votre client ne risque pas de chanter vos louanges. Sa fête est compromise et il est furieux. Or, un client mécontent va le dire à 10 autres. Et le phénomène s'aggrave puisque 15 autres clients se présentent le même jour et repartent eux aussi mécontents. Sale temps pour vos affaires... Logiquement, le pessimisme vous gagne car vous venez de perdre en un jour, les fruits d'années de travail. Pourtant vous n'êtes fautif de rien.

C'est injuste ? Oui ! Car si le porte-conteneurs fait du surplace au milieu de l'océan, qu'y pouvez-vous ? Rien du tout.

Que retenir de cette situation ?

Quand on vous tient pour responsable de ne pas respecter un engagement, alors qu'objectivement vous n'êtes pas à l'origine du problème, le réflexe pessimiste vous fait triplement perdre le contrôle de la situation :

- Vous formulez de vaines excuses.
- Vous dites et répétez que l'incident n'est pas votre faute.
- Vous reportez votre stress et votre mauvaise humeur sur les autres.

Certes, vous êtes dans une situation délicate et c'est certainement rageant, mais il y a un moyen de faire mieux. Dans n'importe quelle situation de votre vie privée et professionnelle, ne vous contentez pas du « Ce n'est pas ma faute, je n'y peux rien ». Pour résoudre la difficulté, posez-vous les 2 questions cruciales qui suivent. Efficacité garantie !

Demandez-vous si la solution du problème dépend de vous.

Si tel n'est pas le cas :

- **Prenez acte de ce qui est** : les conséquences seront ce qu'elles seront, ne les aggravez pas par un comportement inadapté auprès des uns ou des autres.
- **Ne vous inquiétez pas** d'une situation sur laquelle vous ne pouvez pas agir.

Répondez à la question : « Sur quoi puis-je agir, même un peu ? »

Si vous n'avez aucune marge de manœuvre sur la situation, en revanche, vous en avez une sur les à-côtés du problème. Cherchez ces éléments, puis agissez partout où vous le pouvez, même de manière réduite. Proposez des solutions alternatives.

Par exemple, vous pouvez prêter à votre client mécontent un écran en attendant la livraison de celui qui a été commandé, vous pouvez aussi lui consentir un geste commercial sur un prochain achat, bref, vous montrez une belle efficacité et un souci de l'autre qui seront appréciés. Au point qu'il deviendra votre meilleur ambassadeur.

Au lieu de dire « NON, je ne peux pas », dites « OUI, je tente de trouver une solution ». Raisonner Solution est un comportement optimiste de principe, car :

- **Vous reprenez le contrôle** de la situation et de vos émotions.
- **Vous construisez quelque chose.**

En ouvrant des perspectives, vous dégagez l'horizon des nuages pessimistes qui s'amoncelaient.

L'optimiste raisonne Solution : dès qu'une difficulté surgit, il répond à ces 2 questions :

1. La solution du problème dépend-elle de moi ?

Si oui, agissez autant que nécessaire.

2. Sinon, sur quoi puis-je agir, même à la marge ?

Ainsi, inutile de vous morfondre pour quelque chose sur quoi vous n'avez strictement aucune prise. Ne vous contentez pas du « Je n'y peux rien, ce n'est pas ma faute » qui ne construit rien. Au contraire : agissez, même sur des éléments apparemment périphériques au problème, pour sortir par le haut de la situation. Et rappelez-vous : si le problème a une solution, s'inquiéter ne sert à rien, et s'il n'en a pas, s'inquiéter ne change rien !

« NOS ENFANTS VIVRONT MOINS BIEN QUE NOUS »

LE SCÉNARIO HABITUEL

Stéphanie et Maxime réunissent quelques amis à dîner. En bout de table, Serge conclut une longue et brillante démonstration :

— Aucun doute possible : nos enfants vivront moins bien que nous. Je sais, c'est dramatique, mais c'est comme ça. Il faut le savoir, on a mangé notre pain blanc, les jeunes vont manger du pain noir.

— Eh ben.... Déjà que ce n'est pas simple pour nous, alors si ça l'est encore moins pour eux, ça promet, répond Stéphanie abasourdie. C'est très inquiétant de savoir que nos enfants vont ramer toute leur vie. Tu as sans doute raison, mais qu'est-ce qui le prouve vraiment ?

— Voyons Stéphanie, ouvre les yeux, ce n'est plus comme avant, on a changé d'époque. Regarde autour de toi, tu te rends compte de l'état dans lequel nous laisserons le monde à nos enfants ? Tu veux des preuves, en voilà : pollution de l'air, de l'eau, de la terre, insécurité, terrorisme, chômage de masse, désertification des campagnes… attends, attends, ce n'est pas fini… tu veux d'autres preuves, moins d'actifs pour financer les retraites, moins de…

— C'est bon, dit Stéphanie, on a compris, c'est un sujet délicat, on en reparlera une autre fois, qu'en dis-tu ?

— Justement, insiste Serge, allons jusqu'au bout maintenant, c'est capital de le comprendre. Nos enfants vivront moins bien que nous, à cause de la mondialisation… Vous y pensez aux ravages de la mondialisation ? Voilà les preuves, Stéphanie, il faut être aveugle pour ne pas le voir, nos enfants vivront moins bien que nous, je te dis. C'est une réalité. Désolant, OK, mais c'est une ré-a-li-té.

Silence assourdissant.

Quels parents ne s'inquiètent pas pour l'avenir de leurs enfants au regard des défis et des crises que traverse la société actuelle ? Quel avenir imaginer pour les jeunes quand le présent nous paraît déjà si difficile ? Bref, vivront-ils vraiment « moins bien que nous » ?

Le réflexe pessimiste : « Nos enfants vivront moins bien que nous. »

1. Avoir peur pour l'avenir de ses enfants

C'est acté, quoi que vous fassiez, l'affaire est pliée, on vous le dit, on le répète, vos enfants, les pauvres, filent un mauvais coton. Ils vont ramer, peiner, suer, galérer. Chers parents, inquiétez-vous pour vos chérubins, culpabilisez au maximum, imaginez le pire, surtout pas le meilleur... Et vous trouverez toujours quelqu'un, économiste, sociologue, prévisionniste, bref, un « sachant », pour vous expliquer combien vous êtes les rois du pétrole en comparaison de ce que vont vivre vos enfants.

Cette regrettable attitude pessimiste se fonde sur :

- une perception altérée de la réalité ;
- un passé injustement idéalisé.

À suivre ce raisonnement, les sentiments négatifs, comme la frustration (« C'était mieux avant ») et la culpabilité, (« Quel monde leur laisse-t-on ? ») vous envahissent. Pourtant, quels éléments, autres que de vagues et invérifiables prévisions, permettent d'affirmer que nos enfants vivront moins bien que nous ? On les cherche encore... tant il y a d'inconnues.

En définitive, le vrai fondement de ce discours alarmiste est simplement – une fois de plus – la peur des parents renvoyés à leurs propres difficultés et au discours ambiant.

Est-ce la bonne méthode pour inspirer vos enfants ? Certainement pas.

2. Une éducation contre-productive

Prenez conscience du poids de vos croyances et de votre discours sur vos enfants et adolescents. En les abreuvant de sombres prévisions, et en regrettant sans cesse le temps passé, votre éducation devient contre-productive puisque :

- Vous leur sapez définitivement le moral.
- Vous leur ôtez le goût de découvrir, de créer et d'agir.
- Vous étouffez dans l'œuf leur confiance en eux, en les autres et en l'avenir.
- Vous les alarmez sur les moindres problèmes et criez souvent au loup.

Notez-le, les pessimistes s'appuient sur les seuls arguments qui vont dans le sens du « C'était mieux avant ». Il est donc temps d'écouter un discours optimiste et constructif. En partant du même constat, l'époque a changé, l'approche positive aboutit à une conclusion totalement différente et surtout beaucoup plus porteuse d'avenir.

La solution optimiste : « J'aide mes enfants à bâtir leur confiance en l'avenir. »

Personne ne conteste les difficultés de notre société actuelle : pollution, chômage, terrorisme, changement climatique, etc. Il faut les examiner sereinement, une à une, en détail, et, pour avancer, se poser les bonnes questions avec lucidité. Et sans tomber dans la facilité du discours alarmiste « C'était mieux avant ».

1. Soyez lucide

Vit-on vraiment moins bien ?

Et d'abord, qu'est-ce que veut dire « vivre moins bien » ? De quoi parle-t-on exactement ? De job, d'argent, de culture, de sport, de santé ? Là où Manon dit vivre moins bien faute d'argent, Laurent déclare mieux vivre depuis que de nouveaux médicaments ont amélioré sa santé. Chacun ayant sa définition du bien-vivre, on ne peut donc mettre tout le monde dans le même sac. Pour cette première raison, répandre l'idée pessimiste que nos enfants vivront moins bien que leurs parents ne repose sur rien d'indiscutable.

Par ailleurs, comment affirmer que *c'était mieux avant* ?

Tout le monde peut dire « C'était mieux avant », mais dans ce cas, personne n'est jamais satisfait sur terre ! Car si l'on vit moins bien en 2019 *qu'avant*, par exemple en 2000, alors on vivait également moins bien en 2000 *qu'avant*, en 1800, et moins bien en 1800 *qu'avant*, en 800 sous Charlemagne. Ce processus est sans fin. Mais alors à quelle époque a-t-on vécu heureux ? À suivre ce raisonnement, on vit dans la frustration permanente depuis le premier jour de l'humanité, puisque ce récurrent « C'était mieux avant » s'applique à toutes les périodes depuis que le monde est monde, et qu'en plus, chaque homme peut le dire au moment où il vit ! L'optimiste saura faire la part des choses et réfute cette argumentation fondée sur… rien.

2. Détectez et appréciez les progrès réalisés

Combien faut-il citer d'exemples qui montrent les fantastiques progrès réalisés par l'homme ? Par exemple en matière d'environnement : nouvelles normes de construction et d'économies d'énergie, tri des déchets, émergence d'énergies renouvelables, voitures électriques, les progrès sont innombrables.

Pas assez rapides, disent les pessimistes, et pas en vigueur partout, ajoutent-ils. Pire, ils trouvent mille exemples de gaspillage, citent tels pays qui font de la résistance et continuent de polluer, ils se retranchent sur ce qui ne marche pas et sur ce qui manque encore. C'est un choix… dommageable.

Être optimiste, sur ce sujet, c'est, au contraire, considérer que le mouvement vers plus d'écologie est irréversible, qu'il s'amplifie continuellement, porté par l'amélioration des technologies et la prise de conscience de la société. Ce choix-là encourage, stimule, et construit quelque chose. Il booste au lieu de freiner. C'est pourquoi l'optimiste :

- mesure les extraordinaires progrès de tous ordres ;
- rend grâce au génie humain. Certes, l'homme commet des erreurs, mais il trouve aussi des solutions chaque fois que nécessaire.

À retenir : Même si rien n'est idéal et qu'il y a encore beaucoup de problèmes à résoudre, on vit infiniment mieux qu'avant. Sur tous les plans et à tous les âges.

Une société moins violente

Regarder avec lucidité notre société actuelle, c'est constater, par exemple, qu'elle est moins violente qu'avant. Aussi monstrueuse soit-elle, la violence n'a jamais été aussi faible dans toute l'histoire de l'humanité qu'aujourd'hui. Il suffit de se rappeler quelques figures historiques (le bon Gengis Khan, qui avait l'habitude, à chaque prise de ville, d'aligner les têtes coupées devant la porte principale ; ou ce cher Attila, roi des Huns, qui semait la terreur), se rappeler aussi des duels à l'aube, de ces batailles où l'on perdait 5 000, 20 000, 50 000 hommes... dans la journée. Et n'oublions pas qu'au Moyen Âge, on s'écharpait pour un oui ou un non.

Est-ce que l'on réalise bien ce qu'ont enduré nos prédécesseurs sur cette planète ? Et le prix payé par l'humanité lors des deux guerres mondiales ?

3. Sensibilisez vos enfants aux chances qui s'offrent à eux

L'optimiste se fonde sur l'existant, même négatif, pour en tirer parti et créer du mieux. Au lieu de râler et de regretter un passé pourtant bien moins agréable que l'époque actuelle, au lieu de prédire à nos enfants un avenir forcément difficile, il est plus utile de les sensibiliser aux chances qui s'offrent à eux.

Parlez à vos enfants à cœur ouvert, dites-leur quelque chose comme : « Les enfants, en dépit des difficultés de la vie, soyez curieux de tout, ouvrez vos yeux sur le monde et profitez des chances qu'il vous offre. Grâce à Internet, vous avez un accès illimité et instantané aux informations. Quelques minutes suffisent pour vous renseigner sur un écrivain, une technologie, une méthode, là où la même recherche nous demandait des heures, voire des semaines. En trois clics, du fond de votre lit, vous pouvez prendre des cours en ligne, communiquer avec le monde entier, nouer de nouvelles amitiés, développer des projets, augmenter vos compétences. Quand un voyage en Angleterre était pour nous une expédition, vous prenez l'avion comme on prend le métro et vous vous retrouvez à New York, Delhi ou Tokyo, au contact d'autres cultures, d'autres façons de vivre, bref, votre esprit s'ouvre bien plus et bien plus vite que le nôtre.

« Alors, oui, c'est vrai, cette révolution numérique fait disparaître certains métiers, mais elle crée aussi des tas de nouveaux jobs : il n'y aura bientôt plus de carrossiers, mais l'émergence de quantités de nouveaux métiers liés à la voiture autonome. La bonne nouvelle c'est qu'en 2019, des tas de métiers pénibles continuent de disparaître, et plus de la moitié des métiers reste encore à inventer. Plus de la moi-tié ! Vous rendez-vous compte de l'immense réservoir de possibilités pour vous ? Non, chers enfants, vous êtes mille fois mieux préparés que nous ne l'étions, vous avez 1000 fois plus d'opportunités à saisir, 1000 fois plus d'occasions de faire ce qui vous plaît. Profitez-en ! »

À retenir : Votre rôle de parents n'est pas de briser le moral de vos enfants avec le chômage ou de les effrayer avec les effets négatifs de la mondialisation, mais de leur ouvrir les yeux sur les opportunités offertes par leur époque. Non, décidément, ce n'était pas mieux *avant*, bien au contraire !

Votre capacité à accompagner vos enfants détermine une bonne partie de leur bien-être. En appliquant cette solution optimiste, par nature réaliste, vous les aidez à bâtir leur confiance en eux et en l'avenir. Quel plus bel héritage pourriez-vous leur transmettre ?

SOLUTION

LA SOLUTION CLÉ EN MAIN

~~**« Nos enfants vivront moins bien que nous. »**~~

« J'aide mes enfants à bâtir leur confiance en l'avenir. »

1. Soyez lucide.

2. Détectez et appréciez les progrès réalisés.

3. Sensibilisez vos enfants aux chances qui s'offrent à eux.

JE PASSE À L'ACTION !

Vous avez installé ce réflexe optimiste dans votre esprit, agissez maintenant sur le terrain, auprès de vos enfants. Par exemple : « Je montre à Théo un exemple de progrès. Comment vivait papi, il y soixante ans, papa il y a trente ans et comment lui, Théo, vit aujourd'hui. Je lui montre aussi tout ce qu'il a en main pour préparer son avenir. » Et dès que vous avez honoré votre engagement, rendez-vous page 265 pour cocher la case correspondante et apprécier vos progrès.

« LAISSE TOMBER, JE ME SUIS PLANTÉ(E), TU N'Y ARRIVERAS PAS NON PLUS »

LE SCÉNARIO HABITUEL

Prenons deux exemples :

Arrêtée en voiture au feu rouge, Clarisse s'est fait légèrement emboutir par un conducteur qui parlait au téléphone. Bien que mineur, l'incident l'a tellement marquée qu'elle refuse de reprendre le volant. Tout le monde s'y est mis, son père, son fils, sa grand-mère, son compagnon, tous ont fait chou blanc, désormais Clarisse prendra le bus, le métro ou ses pieds, mais plus la voiture.

Vous, son ami de toujours, proposez d'intervenir avec une idée en tête pour la faire revenir sur sa décision, mais tous vous en dissuadent : « Si nous, sa famille, on n'a pas réussi à la faire changer d'avis, alors tu n'y arriveras pas davantage, laisse tomber. »

Autre exemple :

Depuis des mois votre entreprise tente de conquérir un nouveau client, Alessandro, un homme réputé difficile, mais si emblématique que le compter dans sa clientèle est un sacré « plus ».

Tous les vendeurs se sont succédé, tous ont usé des meilleures ficelles du métier et tous sont rentrés bredouilles. Humblement, vous proposez vos services à l'appui d'une idée nouvelle. Et toc… vous n'aurez pas l'occasion de la tester, car on vous fait comprendre que les meilleurs vendeurs de l'entreprise n'ayant pas réussi à signer un euro de marché avec Alessandro, ce n'est pas un jeune commercial qui va y parvenir… non mais... Conclusion : « Laisse tomber. »

Ces deux situations ont un point commun que vous avez déjà vécu : quelqu'un vous dissuade d'agir au motif qu'il a déjà essayé et s'est cassé les dents. Alors vous…

Or, quoi de mieux pour briser l'enthousiasme de celui qui souhaite avancer? Comment mieux lui couper les ailes ? Cela porte un nom : le pessimisme, pur et dur.

Le réflexe pessimiste : « Laisse tomber, je me suis planté(e), tu n'y arriveras pas non plus. »

Pourquoi le pessimiste écoute-t-il toute personne le dissuadant d'agir au motif qu'elle a déjà essayé et a échoué ? Il y a 2 raisons :

- **Le pessimiste se sous-estime** : ne se sentant pas « surdoué », il ne croit pas en lui et en ses capacités.
- **Le pessimiste surestime les autres** : il ne peut imaginer dépasser ceux qui ont essayé sans réussir. C'est plus fort que lui : « Si les plus forts se sont plantés, comment puis-je triompher ? »

Quelle que soit la raison, votre confiance en vous est mitigée. Et entendre de la part d'un autre que vous n'avez aucune chance de réussir la fait tomber encore plus bas. Manifestement, on ne croit pas en vous, votre apport est jugé inutile, bref, vous n'êtes pas assez « bon » pour inverser le cours des choses.

Comme 9 personnes sur 10, hélas, vous abandonnez, persuadé que vos chances de gagner au loto sont plus grandes que de réussir là où « ceux qui savent » ont mordu la poussière. Vous abandonnez et créez des prolongements négatifs :

- **Ruminer longtemps cet épisode**, surtout si le sujet ou l'enjeu étaient importants et que vous pensiez pouvoir obtenir des résultats.

- **Étouffer votre envie de faire des choses**, de lancer un projet, une réalisation, de nouer une relation, etc. Tel un escargot, **vous vous recroquevillez** dans votre coquille.

À retenir : Ce réflexe pessimiste pénalise votre efficacité, votre bien-être et celui de votre entourage, à la maison comme au bureau. Quel dommage, car désormais vous hésiterez à mettre le nez à la fenêtre et à proposer quelque chose. Tout le monde y perd.

Reconnaître celui qui vous dissuade d'agir

Voici comment il se comporte :

- Il prend un air imposant, du genre « J'ai roulé ma bosse et je sais de quoi je parle, on ne m'en apprend plus ».
- Il relate et reconnaît son échec.
- Il coupe toute velléité de discussion en rappelant plus ou moins ouvertement que vous ne jouez pas dans le même jardin que lui.
- Il conclut, sur un ton amical, mais ferme, par un conseil ciselé comme de la dentelle : « Laisse tomber ! »

Il est temps de répondre à ce pessimisme destructeur « Laisse tomber, je me suis planté, tu n'y arriveras pas non plus » et de le transformer à votre avantage.

La solution optimiste : « Je regarde qui me dissuade et pourquoi il le fait. »

Si vous jouissez d'une belle confiance en vous, le goût du défi peut vous pousser à agir, malgré les mises en garde, à tenter l'aventure. Et c'est tant mieux, car la clé est là : avoir confiance en vous et en votre jugement.

N'oubliez jamais : vous êtes seul juge. Finalement, il ne pourra arriver que 2 choses, la réussite ou l'échec :

- Si vous échouez : attendez-vous à des remarques plus ou moins caustiques pour avoir négligé les recommandations. Voire à des sanctions dans certains cas, notamment dans le domaine professionnel.
- Si vous réussissez là où d'autres ont échoué : vous forcez le respect et l'admiration.

L'optimisme concret repose sur l'objectivité. Ayez confiance en vous et suivez les règles qui vont suivre.

Pour vivre heureux et serein, apprenez à repérer puis à éradiquer les comportements pessimistes. Pour y arriver : posez-vous les 3 questions qui suivent. D'elles vont découler les 3 règles efficaces pour relever ce défi optimiste. Quelle que soit la situation, vous devez voir clair dans le jeu de celui qui vous dissuade de vous lancer en vous promettant l'échec.

1. Est-ce que l'on me dissuade pour une bonne raison ?

Soyons juste. Il arrive que les conseils, comme « Laisse tomber, tu n'y arriveras pas », soient pertinents et tous ne sont pas à jeter. Ainsi, il va de soi que si vous parlez de votre projet de vendre de la glace aux Esquimaux et de vous diversifier en livrant du sable à Dubaï, on vous conseillera, à juste titre d'abandonner.

En conscience, examinez les arguments soumis par le conseilleur pour vous inciter à mettre le frein : forment-ils une vraie bonne raison de ne pas vous lancer ?

Bien évidemment, vous pouvez, de bonne foi, vous tromper et ne pas voir que vendre de la glace aux Esquimaux et du sable à Dubaï est… compliqué. Mais dans la plupart des cas, l'approche objective des choses vous aide à y voir clair et à définir une conduite. Très probablement, celui qui vous dissuade le fait avec une intention louable et à l'appui d'une analyse juste. Son conseil vous révèle qui il est, vous évite bien des ennuis et vous fait gagner un temps précieux.

À retenir : Appliquez cette règle numéro 1 : regardez la situation et épluchez l'argumentation de celui qui vous dissuade. Est-elle vraiment probante et fondée sur des éléments indiscutables ?

2. Est-ce que l'on me dissuade sans raison ?

Bien que vous cherchiez à comprendre le pourquoi du comment, on ne vous donne aucune raison et vous n'en trouvez pas vous-même. Il peut s'installer avec la personne qui tente de vous dissuader une discussion pouvant durer longtemps sans avancer d'un pouce.

Or, de deux choses l'une, soit :

- Aucune raison de fait, d'évidence ou de bon sens ne justifie ce conseil : alors, pourquoi vous abstenir ?
- On vous dissuade sans raison apparente : dans ce cas, vous êtes en droit d'estimer qu'il en existe une, plus inavouable.

Quand aucune raison ne justifie de vous retenir et de tester votre idée, pourquoi rester coincé dans les starting-blocks ? Pourquoi vous pénaliser puisque vous êtes imaginatif, que vous avez un plan de bataille et que vous pensez pouvoir victorieusement intervenir sur la situation ? C'est pourquoi l'optimiste ne s'invente aucune raison imaginaire pour s'empêcher d'agir. Bien au contraire, il se met en mouvement chaque fois que possible. Agissez en votre âme et conscience et sans états d'âme justement !

À retenir : Appliquez cette règle numéro 2 : si l'on vous dissuade, sans raison, de vous lancer… lancez-vous et faites ce que vous avez envie de faire !

ON VOUS DISSUADE POUR DES RAISONS QUI NE PEUVENT ÊTRE RÉVÉLÉES

Ce cas est fréquent. En effet, on vous déconseille d'intervenir ou de vous lancer, sans vous en expliquer le motif. Un motif caché, pas forcément mauvais ou qui vous nuit, mais une raison que le conseilleur ne peut pas révéler au grand jour. Dans ce cas, vous devez tenter de comprendre les non-dits en regardant le dessous des cartes. Pas toujours simple, mais fort utile.

Votre interlocuteur peut vous inciter à l'inaction en raison d'une peur qu'il nourrit à votre endroit :

• Peur de vous faire mal, de vous exposer au risque, à l'échec, aux critiques.

• Peur, aussi, de vous fatiguer, voire de vous perdre, même si celle-ci est davantage centrée sur lui.

Toutefois, quelles que soient les raisons, notez que ces inquiétudes révèlent une intention bienveillante à votre égard. En gros, il vous dissuade d'agir… afin de vous préserver.

Quelle attitude positive devez-vous adopter ? C'est simple :

• Tentez de comprendre les non-dits en dialoguant avec lui, tout en pensant à vous.

• Appliquez la règle numéro 2 : lancez-vous, faites ce que vous avez envie de faire !

3. Est-ce que l'on me dissuade pour de mauvaises raisons ?

On vous dissuade sans raison apparente et vous subodorez qu'il en existe une, plus inavouable. Ici s'invitent jalousie, envie, frustration, ressentiment, calcul, tactique, etc.

Pour être plus concret : lorsque le conseilleur comprend que votre intervention peut résoudre une situation qu'il ne sait pas dénouer, tout bascule. Imaginez ce qu'il ressent : votre succès éventuel signifie son insuccès et sa perte d'influence, avec tout ce qui l'accompagne. Le prix à payer est donc élevé et il n'est pas disposé à l'acquitter.

Dès lors, la jalousie, l'envie de vous empêcher de grimper les marches du succès et la préservation de son territoire pour éviter que vous ne lui fassiez de l'ombre sont des comportements hautement pessimistes.

Or, **le véritable optimiste se réjouit du succès des autres**. Il n'y voit que des avantages et croit profondément que la réussite des uns joue le rôle de locomotive. Elle est un moteur, non un motif de jalousie, c'est pourquoi il travaille à son succès personnel sans envier celui des autres.

À retenir : Pour savoir quoi faire lorsque l'on vous dissuade, sans raison… avouable, appliquez cette 3e règle : identifiez les non-dits !

Appliquez donc systématiquement ces trois règles. Elles filtrent les intentions de votre interlocuteur et vous aident à découvrir qui il est et ce qu'il cherche vraiment : vous aider, vous préserver, vous garder ou vous stopper.

Ensuite, décidez. Que vous choisissiez finalement de ne rien faire, de vous lancer partiellement ou totalement, votre décision sera de meilleure qualité.

SOLUTION

LA SOLUTION CLÉ EN MAIN

~~**« Laisse tomber, je me suis planté, tu n'y arriveras pas non plus. »**~~

« Je regarde qui me dissuade et pourquoi il le fait. »

Demandez-vous :

1. Est-ce que l'on me dissuade pour une bonne raison ?

2. Est-ce que l'on me dissuade sans raison ?

3. Est-ce que l'on me dissuade pour de mauvaises raisons ?

JE PASSE À L'ACTION !

Vous avez installé le réflexe optimiste dans votre esprit, agissez maintenant sur le terrain, c'est-à-dire au quotidien. Soyez attentif dès que l'on vous dissuadera de faire quelque chose. Par exemple : « Pourquoi Jean-Pierre me dissuade-t-il de rencontrer Charlotte ? Pour quelles raisons fait-il cela ? » Et dès que vous avez honoré votre engagement, rendez-vous page 265 pour cocher la case correspondante et apprécier vos progrès !

« GRRR... ÇA NE MARCHE JAMAIS ! »

LE SCÉNARIO HABITUEL

Un matin d'hiver comme vous les aimez. Ciel gris, pluie fine ininterrompue, température à ne pas mettre le nez dehors, un rendez-vous important et stressant au bureau, franchement, la journée démarre doucement. Vous avez connu mieux.

Heureusement, il y a la douche ! Une bonne douche bien chaude, sous laquelle vous adorez vous prélasser, allez hop, vous voilà dessous pour quelques minutes de douceur. Vous ouvrez le robinet et poussez un cri, l'eau est froide ! Fébrilement vous triturez le mitigeur dans tous les sens, mais rien à faire, l'eau est encore plus froide : « Grrr… ça ne marche pas, il n'y a pas d'eau chaude ce matin ! »

De mauvaise humeur, vous passez votre peignoir et partez dans la cuisine vous réchauffer avec un bon café, deuxième rituel de la matinée. Or, au moment de faire couler le café dans la tasse, et d'en humer l'arôme, patatras, le témoin lumineux reste rouge… c'est vrai, vous l'aviez oublié, la machine est HS depuis hier midi. Moment de solitude. La moutarde vous monte au nez et vous lâchez : « Mais c'est pas vrai aujourd'hui, c'est pas vraiiiiii, rien ne marche, ras le bol ! »

Vous arrivez au bureau dans cet état de contrariété. Et prenez un café, moins bon que chez vous, mais un café quand même.

10 heures : C'est l'heure de votre rendez-vous avec Juranson. Négocier les prix avec lui est une « expérience », il ne lâche rien Juranson, jamais, ou alors c'est qu'il ne peut pas faire autrement. Bien vu, vous avez pris soin de demander à Édouard de vous assister, car il est aussi fort que Juranson, un négociateur hors pair. Le match promet. Juranson est déjà là, installé face à vous dans la salle de réunion. Il patiente en lisant ses e-mails et ne lâche pas un mot.

10 h 10, rien, pas d'Édouard. 10 h 20, non plus, vous vous confondez en excuses invoquant les embouteillages pour expliquer son retard. Vous adressez quelques mots de courtoisie à Juranson qui vous regarde aussi chaleureusement qu'un tigre devant un morceau de viande. 10 h 30, vous fulminez intérieurement, car Juranson vous demande ironiquement s'il doit réserver un hôtel pour ce soir.

Enfin, 10 h 40, Édouard déboule dans le bureau, dit à peine bonjour et marmonne un très sec « Excusez-moi ». Visiblement énervé par sa mésaventure du matin, il la raconte en fulminant : par ce froid polaire, sa batterie de voiture a lâché et celle de son téléphone aussi ! Furieux, il ne peut refréner son humeur de pitbull et s'en prend à sa voiture qui le laisse tomber « juste aujourd'hui » et aux fabricants de smartphone qui « font exprès de vendre des batteries de basse qualité ». Il conclut : « Excusez-moi, ça m'exaspère, c'est toujours quand on en a besoin qu'il y a un truc qui ne marche pas ! »

Vous aussi, vous avez eu ce profond réflexe pessimiste consistant à vous plaindre, souvent avec force, lorsqu'un matériel ne fonctionne pas ou qu'un service est interrompu ?

Le réflexe pessimiste : « Grrr... ça ne marche jamais ! »

Se lamenter est bel et bien une attitude pessimiste qui vous envahit progressivement et rapidement : vous râlez et très vite vos pensées s'emballent. Les plus virulents d'entre vous promettent même des sanctions au fabricant du matériel défectueux.

Mais cette attitude a des répercussions négatives :

- **La perte d'objectivité.** En disant que le matériel ou le service défaillant ne marche jamais ou est toujours en panne, vous dites des choses inexactes, car vous le jugez sur les rares fois où il ne fonctionne pas et non à long terme.

- **La perte de sang-froid.** Râler, vous énerver ne font qu'augmenter votre stress. Vous multipliez alors les déclarations hâtives ou prenez des mesures trop peu réfléchies sous l'effet de la colère qui sont totalement contre-productives. Très vite, la mauvaise humeur s'installe et se propage aux autres.

Cette perte de contrôle, à la fois de votre objectivité et de vos émotions, démontre que vous affaiblissez votre résistance à l'adversité.

À retenir : Les contrariétés font partie de la vie et si vous y succombez et perdez la maîtrise de vous-même en ces occasions, alors comment réagissez-vous lorsqu'une vraie tuile vous tombe sur le museau ?

Les matériels et services divers fonctionnent tellement bien et tellement longtemps que leurs pannes vous paraissent insupportables. Changez de perception et de comportement en appliquant un réflexe optimiste qui fait du bien à tous.

La solution optimiste : « J'apprécie quand ça marche, et ça marche 99 fois sur 100 ! »

1. Relativisez

La logique de l'usure est la logique de la vie. Elle s'applique à tous et à tout. L'optimiste sait que l'usure et les pannes sont inévitables. Lorsqu'elles arrivent et bouleversent vos habitudes quotidiennes, suivez ces 2 recommandations :

- **Soyez cohérent :** les objets et les services nécessitent à un moment donné d'être réparés ou améliorés. C'est pourquoi il est inutile d'être impitoyable avec eux. Après tout, êtes-vous toujours en forme du 1er janvier au 31 décembre ? Ne connaissez-vous jamais la moindre panne, la moindre défaillance ? Si, bien sûr. L'être humain n'est pas toujours en forme toute l'année, pourquoi un objet ou un service le serait-il, lui ?

- **Soyez indulgent :** les outils et les services multiples que vous utilisez au quotidien sont destinés à vous faciliter la vie. Pourquoi leur demander l'impossible, un « zéro panne » permanent ? Et si vous-même tombez « en panne de temps en temps » pourquoi la tolérance que vous vous accordez ne pourrait-elle concerner votre machine à café ou votre connexion Internet ? Et surtout, pourquoi miser exagérément sur eux et leur permettre de gâcher votre bien-être ?

Puisqu'il est normal que les objets soient réparés ou remplacés un jour, autant l'accepter dès le départ. Râler ne changera rien.

2. Appréciez les objets et les services sur le long terme

L'optimiste ne se lamente pas les rares fois où du matériel tombe en panne. Son attitude consiste, au contraire, à voir les choses sur le long terme. C'est pourquoi :

- **Il apprécie toutes les fois qu'un objet lui rend service.** Sa machine à café, par exemple, qui ne fonctionne plus aujourd'hui, certes, mais qui satisfait tellement bien le rituel du matin depuis cinq ans… même à deux heures du matin.

- **Il considère que les objets, les matériels et les services fonctionnent, pour ainsi dire, tout le temps.** En effet il n'est pas crédible d'affirmer que sa voiture est tout le temps en panne. D'ailleurs, c'est quoi, « tout le temps » ? Une fois par an, deux fois, cinq fois ? Il serait étonnant qu'elle tombe en panne 5 fois par an et si tel est le cas, la changer est probablement une solution à envisager ! Bref, regardez les choses en face, les services et les matériels que vous utilisez fonctionnent quasiment tout le temps !

- **Il se remet éventuellement en question quand un objet ou du matériel tombe en panne.** Par exemple, lorsque sa voiture tombe en panne : l'a-t-il entretenue comme elle le mérite ? Ne devait-il pas changer sa batterie faiblarde, depuis un bon moment ? En somme, n'est-il pas pour quelque chose dans la panne ?

Les pannes font partie de la vie, elles sont normales et donnent l'occasion de vaincre une (petite) adversité. Lorsque cela vous arrive, relativisez la situation et calmez le jeu.

À retenir : Cessez de rouspéter. Pourquoi transmettre à votre entourage l'image de quelqu'un si arrimé à ses habitudes que tout changement, toute baisse de confort, lui est intolérable ? Pourquoi véhiculer l'image d'une personne qui s'emporte et perd la maîtrise des événements en raison d'une simple panne de ceci ou de cela ?

3. Patientez calmement, tout va finir par s'arranger

L'optimiste apprécie de disposer d'une kyrielle d'outils et de services, et de pouvoir les utiliser sans problème l'essentiel du temps.

Et le jour où cela ne marche pas, ou moins bien que d'habitude, il n'y a pas mort d'homme, il accepte l'éventuel désagrément et patiente le temps de rétablir le service ou de réparer l'objet cassé.

Cette attitude optimiste n'engendre que du bien-être, car c'est :

- du stress économisé ;
- des conflits évités ;
- de la sérénité gagnée.

L'optimiste sait que les choses rentreront dans l'ordre, car le matériel sera réparé et tel service à nouveau opérationnel.

À retenir : Pourquoi râler, incendier tel ou tel, pourquoi imaginer des wagons de fâcheuses conséquences quand quelque chose auquel vous êtes habitué – et que vous n'appréciez même plus tellement vous y êtes habitué – soudain ne fonctionne plus ?

4. L'optimiste tire avantage de la situation

Portez maintenant votre réflexion sur l'addiction aux choses et aux habitudes. Vous utilisez tellement souvent votre voiture, votre ordinateur ou votre sacro-saint smartphone que tout s'écroule lorsqu'ils ne vous assistent plus. Pour vous, il est « normal » qu'ils répondent toujours présents, et que tout marche tout le temps. D'ailleurs, ils font tellement partie du paysage que vous ne les regardez plus sauf quand ils décident de ne plus fonctionner, c'est là que vous réalisez combien ils sont précieux.

Voyez les choses de manière plus positive. Au fond, ne pouvez-vous tirer avantage de la situation ? Par exemple : en redécouvrant d'autres modes de communication et d'autres moyens de transport.

En bref : c'est aussi une belle occasion de reprendre le contrôle, de sortir d'un confort établi qui vous endort et vous fait penser que tout est dû. N'est-ce pas, finalement, une opportunité pour stimuler votre créativité : trouver et appliquer d'autres solutions en attendant que tout rentre dans l'ordre ?

À retenir : Ne pouvez-vous vous organiser autrement et vivre, quelques heures, quelques jours, quelques semaines, en modifiant vos habitudes ? Sont-elles à ce point figées que tout imprévu bouleverse votre vie comme un chien dans un jeu de quilles ?

Testez-vous pendant quinze jours

Concret, l'optimiste parle de ce qu'il expérimente. Excellente occasion de vous mettre en situation pour tester vos comportements.

Pendant quinze jours, ôtez-vous l'usage d'un de ces matériels ou services que vous fustigez dès qu'ils tombent en panne, c'est-à-dire rarement. Plus de douche ou de café, plus de voiture ou de connexion Internet, plus de lumière ou de chauffage pendant quinze jours, bref, le désert. Comment allez-vous survivre ?

Et puisque vous êtes en mode survie, attachez-vous un bras et prenez votre douche, lavez-vous les dents, habillez-vous… inutile d'insister, c'est bien quand tout fonctionne, n'est-ce pas ? Cela mérite d'être remarqué et savouré.

Finalement, l'optimisme est un état d'esprit : alimentez la bonne humeur et le contentement, plutôt que les éclats de voix et la critique négative. Appréciez de disposer de tant d'outils qui fonctionnent.

LA SOLUTION CLÉ EN MAIN

~~**« Grrr… ça ne marche jamais ! »**~~

« J'apprécie quand ça marche et ça marche 99 fois sur 100 ! »

1. Relativisez.

2. Appréciez les objets et les services sur le long terme.

3. Patientez calmement, tout va finir par s'arranger.

4. Tirez avantage de la situation.

JE PASSE À L'ACTION !

Vous avez installé ce réflexe optimiste dans votre esprit, agissez maintenant sur le terrain, au quotidien. Par exemple : « Je m'entraîne en faisant l'exercice des quinze jours. Je savoure chaque outil qui fonctionne et ne fais plus tout un plat de ma voiture en panne : dans cinq jours elle sera réparée, quel plaisir de la réutiliser pour partir à Sainte-Maxime ! » Et dès que vous avez honoré votre engagement, rendez-vous page 265 pour cocher la case correspondante et apprécier vos progrès !

« JE N'EN PEUX PLUS, MES COLLÈGUES DE BUREAU SONT TOUS PESSIMISTES ! »

LE SCÉNARIO HABITUEL

Mélanie, Julien et David, vos collègues de bureau, ont bien des qualités. Compétents, rigoureux, travailleurs, vous formez avec eux et quelques autres une bonne équipe, enfin… sur le papier, car en réalité il y a un hic : sans raison apparente, vos trois collègues sont pessimistes, indécrottablement pessimistes.

Et vous n'en pouvez plus.

Après des mois de travail intense, votre équipe a bouclé et envoyé au client un magnifique projet. Ils ne s'en félicitent guère, soulignent l'âpre concurrence et rappellent dix fois de suite combien vous avez peu de chances d'emporter l'affaire.

Trois nouvelles vous parviennent, votre première vente en Espagne, l'obtention du prix de l'Innovation et la rumeur d'un changement de législation dans trois ans. Incroyable, mais vrai, ils se focalisent sur cette dernière nouvelle, totalement hypothétique et dont on ne sait rien, la commentent en échafaudant un tas de suppositions plus défavorables les unes que les autres, disant et répétant à l'envi que tout cela n'augure rien de bon. Et que trois ans, c'est demain !

Résultat : à partir de rien, ils réussissent l'exploit de faire naître le doute et l'inquiétude sur un futur que les deux autres nouvelles, réelles et concrètes, annoncent pourtant florissant. L'art et la manière de casser une dynamique.

Un peu plus tard, vous apprenez que Pierre, un cadre historique de l'entreprise, la quitte. Sans qu'ils se concertent, mais dans un ballet bien réglé, Mélanie, Julien et David accusent le coup, prédisant, une fois de plus, des lendemains qui déchantent. S'appuyant sur des détails qui noircissent le tableau, ils enfoncent le clou : « En plus Pierre connaît tout de la société, c'est la mémoire de l'entreprise, son départ est un désastre, de toute façon personne ne lui arrivera à la cheville », etc.

Vos collègues sont pessimistes et vous êtes à bout de forces ? Quels que soient l'organisation, le niveau hiérarchique, le domaine d'activité, vous trouverez toujours des quantités de pessimistes prêts à vous expliquer pourquoi telle action n'est pas possible et pourquoi vous auriez tort d'essayer telle autre.

La question est donc : dans l'intérêt de tous, y compris du leur, comment agir pour mieux vivre, ensemble, au bureau ?

Le réflexe pessimiste : « Je n'en peux plus, mes collègues de bureau sont tous pessimistes ! »

Pas facile de travailler avec des pessimistes chroniques. Éducation, parcours personnel, superstition ont forgé leur vision négative des choses, c'est ainsi.

Les collègues pessimistes voient tout en négatif

Pour eux, rien n'est jamais porteur, rien de ce que vous produisez ne peut rencontrer le succès. Et si par extraordinaire, cela arrive, ils ont la réplique qui tue : « C'est un coup de chance qui ne se reproduira pas ! » Ou encore, « Oui, c'est une belle période, mais elle ne durera pas ». Quel que soit le sujet, important ou non, ils sont habitués à ne regarder que les difficultés, les obstacles, le « truc » qui va rendre impossible le succès, comme s'il vous était interdit d'y accéder.

Le pire, c'est qu'ils s'avèrent incapables de déceler les avantages et les points forts d'une situation, d'imaginer des solutions et de saisir les opportunités offertes.

Leur pessimisme est contagieux

Bien évidemment, à force de travailler avec eux, non seulement l'ambiance est plombée, mais les conséquences négatives sur votre bien-être se font sentir :

- votre moral baisse ;
- vous ressentez de la fatigue ;
- votre enthousiasme et votre motivation se brisent ;
- votre envie et votre créativité sont atteintes.

En un mot, bonjour l'ambiance !

Vous ressentez de la lassitude à travailler avec des gens viscéralement pessimistes qui vous coupent les ailes chaque fois que vous bougez une oreille ou que vous prenez une initiative. C'est humain, vous souffrez de ce contexte pesant et l'entreprise en souffre aussi. Alors vous cherchez des remèdes et tombez sur le fameux conseil « fuyez les gens négatifs ». Facile à dire, moins à réaliser, car il vous est difficile de changer d'entreprise au seul motif que vos collègues vous font chausser des semelles de plomb, vous qui rêvez de porter des ballerines. Dans l'intérêt de tous et pour mieux vivre au bureau adoptez donc la solution optimiste suivante.

La solution optimiste : « Je ne donne pas de conseils à mes collègues pessimistes, je leur montre des exemples. »

Vous n'avez pas le choix : vous devez cohabiter et travailler avec des collègues peu stimulants dont l'inspiration principale consiste à jouer les oiseaux de mauvais augure. Inutile de les fuir.

Au contraire : **identifiez-les bien et adoptez une tactique pour les faire évoluer en douceur.** Cette stratégie positive vous permettra d'aller vers le mieux, d'établir une meilleure ambiance, plus de solidarité entre collègues, plus d'envie de faire des choses et de réussir ensemble.

1. Sachez identifier les pessimistes

Tous vos collègues pessimistes ne se ressemblent pas. Ils se classent en 3 catégories que vous devez connaître sur le bout des doigts. Bien les identifier vous permettra de mieux travailler avec eux :

- **Les apprentis pessimistes.** Le plus souvent jeunes, ils sont peu virulents. Même s'ils sont convaincants, ils peuvent entendre des arguments opposés aux leurs. L'optimiste pourra, à court terme, faire évoluer leurs consciences.
- **Les « Ni Ni ».** Ce sont les pessimistes confirmés, ni totalement débutants, ni les plus gradés. Ils ont

déjà écœuré bon nombre de collègues et plombé bon nombre d'initiatives. Ils sont ré-cu-pé-ra-bles, au sens où, dans un accès de lucidité, il leur arrive parfois d'entretenir une lueur d'espoir sur un dossier, un client ou un projet. Souvent désabusés, ces pessimistes ont des réflexes bien ancrés. Cependant, il reste de la place à l'optimiste pour les faire évoluer, à moyen terme.

- **Les purs et durs.** À leur tableau de chasse des quantités de situations jugées perdantes dès le départ, des quantités d'opportunités manquées et de personnes découragées. Au bureau, ces mordus passent leur temps à débusquer LE truc qui ne va pas, LA nouvelle inquiétante, LE mauvais résultat, LA sombre perspective. Même en étant optimiste vous avez autant de chances de faire changer de comportement un de ces spécimens que de devenir astronaute. Toutefois, en optimiste averti, vous ne renoncez pas et inscrivez ce match dans la durée… à cette condition, tous les espoirs sont permis.

À retenir : Si l'optimiste a inventé l'avion, le pessimiste a inventé le parachute. Et même si, d'évidence, les parachutes sont moins utilisés que les avions, on a tout de même besoin des deux. L'optimiste, comme le pessimiste, détient une part de la vérité, ce qui incite à l'humilité et à la mesure.

2. Acceptez et aidez vos collègues pessimistes

En optimiste opérationnel, commencez par accepter les pessimistes que vous voulez faire évoluer. D'une part parce que être pessimiste ne signifie pas manquer de talent, d'autre part parce qu'ils ont leur utilité au sein de l'entreprise.

Ensuite, décidez sincèrement de les aider. Mais sans le leur dire. En effet, il faut agir avec tact et doigté. Échangez donc avec vos interlocuteurs pessimistes sur ce qui les inquiète, en prenant bien soin de respecter ces 2 recommandations :

- **Évitez le langage culpabilisant.** Les formulations « C'est absurde d'être aussi pessimiste » ; « Tu dois être optimiste » ; « Tu devrais être enthousiaste », etc. sont particulièrement contre-productives. Leur seul impact est de renforcer le pessimiste dans ses croyances et, sur le terrain, de contrer plus encore votre vision positive des choses.

- **Créez le dialogue et alimentez-le régulièrement.** Pas d'affrontement, restez ouvert, à l'écoute des arguments de vos collègues pessimistes – fondés sur des peurs ou des expériences, là encore – et échangez vos visions chaque fois que possible. Ne leur dites pas que vous les aidez, certains vous répondraient qu'ils n'en ont pas besoin. Agissez donc à pas feutrés et, peu à peu, ils apprécieront votre attitude : ils entendront un peu plus votre argumentation, sachant que vous ne l'imposez pas outrageusement.

À retenir : Acceptez vos collègues, vos collaborateurs ou vos équipes pessimistes, ce sont des hommes et femmes comme vous. Les accepter permet de mieux les comprendre, de mieux travailler avec eux… et de mieux définir comment agir pour faire évoluer les consciences.

3. Affirmez vos positions sans chercher à avoir le dernier mot

Une fois le dialogue noué, dites ce que vous avez à dire en modulant votre discours selon le degré de pessimisme de votre interlocuteur. Dites les choses, sans chercher à clouer le bec à vos collègues pessimistes. Vous pouvez y arriver grâce à ces 4 moyens :

- **Appuyez-vous sur des exemples précis** : la réussite d'une vente à l'étranger et l'ouverture d'un marché ; le Prix de l'Innovation que votre entreprise a reçu et qui va faire parler d'elle et développer ses ventes, etc.

- **Déjouez une éventuelle rumeur** : dites qu'en l'absence de renseignements précis, la rumeur n'est pas forcément une mauvaise nouvelle. Au contraire, elle peut même être porteuse de points positifs et mérite, à tout le moins, d'être confirmée.

- **Dites votre lassitude, non tournée contre vos collègues, mais contre ces constructions intellectuelles négatives** qui, à la longue, découragent les meilleures bonnes volontés et détruisent le lien au sein de l'équipe. Expliquez votre position comme ils vous expliquent les leurs.

- **Proposez-leur de se réjouir ensemble des bonnes nouvelles** du jour. Et si vous le faites avec humour… champagne… le message passera encore mieux !

À retenir : Une vision optimiste de l'avenir s'appuie sur du concret et non sur des incantations.

Les deux piliers essentiels de votre démarche positive sont : la réalité des faits et l'objectivité des situations. Si un point négatif se révèle, il sera lui aussi traité – bien évidemment – et d'autant mieux que l'équipe aura su s'appuyer sur une dynamique positive.

C'est ainsi que vous gagnerez en bien-être, individuel et collectif : plus de calme, d'envie, de sérénité, d'idées, de solutions, de résultats… et moins de blues du dimanche soir !

4. Ne donnez pas de conseils aux pessimistes, montrez-leur des exemples

L'optimisme concret naît, se construit et se vit sur le terrain. Sujet par sujet, au fil du temps, montrez à vos collègues que l'optimisme fonctionne. Pour cela, suivez bien ces 2 principes :

- **Ne leur donnez ni leçons ni conseils.** Ce ne sont pas de bons alliés, car :

  - les conseilleurs ne sont pas les payeurs ;

  - les conseils ne dépassent pas souvent le stade des mots ;

  - les conseils ne sont pas forcément pertinents ;

  - on se demande toujours si les conseilleurs appliquent eux-mêmes les conseils qu'ils prodiguent.

Dans l'exemple de Pierre, que vaut le conseil « Ne vous inquiétez-pas, on va recruter quelqu'un, travaillez comme si de rien n'était ? » Il est gentil, certes, mais à quoi sert-il vraiment ? Les conseils sont une chose, utiles parfois, mais tellement moins parlants que les exemples.

- **Donnez des exemples.** Rien de tel qu'un exemple concret, si possible vécu, à l'appui d'une vision optimiste, orientée solution, prenant le pas sur une vision pessimiste, orientée problème. Naturellement, cela n'est pas toujours possible, mais faites-le chaque fois que l'occasion se présente. Les exemples sont supérieurs aux conseils, car :

  - ils véhiculent une histoire, une problématique, une résolution et des enseignements ;

– ils s'appuient sur des situations concrètes, que l'on soit d'accord ou pas d'accord, qui en font le sel et tout l'intérêt.

Il ne s'agit pas de donner de leçons aux pessimistes, mais au contraire de fournir une information, un exemple, qui, éventuellement, les inspirera. Certes, tous les exemples ne débouchent pas sur une solution, mais la plupart d'entre eux conduisent plus loin que de simples conseils sans grande substance.

L'exemple de la démission de Bruno

Un jour, dans l'entreprise dont j'ai eu la responsabilité, Bruno annonce qu'il quitte la société. Le monde s'écroule car Bruno sait tout sur tout dans l'entreprise. Si lui s'en va, c'est comme si votre voiture roulait sur deux roues.

Ses collaborateurs font une mine d'enterrement : ils stressent, les plus pessimistes (groupe « Ni Ni » et les « purs et durs ») annoncent un désastre. Ils travaillent moins bien, voire plus du tout, gaspillent du temps et une énergie folle à souligner tout ce que l'on va perdre : 20 % des clients, d'autres membres du personnel qui partiront à coup sûr, etc.

En somme, Bruno parti, pour l'entreprise, c'est le chant du cygne. Recruter à l'extérieur prendrait des mois et serait trop coûteux. Re-dose de pessimisme, les collaborateurs sont figés comme des statues de glace et ne parviennent pas à imaginer d'autres solutions.

Bien qu'ennuyé, évidemment, j'évite de me lamenter ce qui ajouterait au pessimisme ambiant et je « raisonne Solution » (ma marotte). Soudain une idée surgit : « Et si je faisais le tour des équipes, peut-être quelqu'un pourrait-il convenir ? Soyons optimiste ! »

→

Action. Pendant plusieurs jours, j'investigue et je repère un candidat possible, Raphaël. On discute et, à ma grande surprise, je découvre qu'il attendait le poste proposé, sans oser le dire, depuis déjà trois ans ! Le poste de Bruno lui est attribué et savez-vous ce qu'il est advenu ? Raphaël était tellement motivé qu'après six mois de mise en jambes, il s'est révélé 3 fois plus efficace que Bruno, dont on faisait pourtant un demi-dieu. Fin de l'épisode. Un exemple marquant.

À retenir : Si vous ne deviez installer qu'un seul élément de cette stratégie optimiste, ce serait : « Je ne donne pas de conseils à mes collègues pessimistes, je leur montre des exemples. »

Pour amener vos collègues pessimistes à l'être moins, voire plus du tout, et améliorer l'atmosphère, la qualité de vie au travail, et les résultats, déployez cette stratégie optimiste. Doucement, en prenant le temps, dans le respect et l'écoute de l'autre, et en donnant des exemples probants, bien plus que des conseils.

Ce faisant, vous rayonnez auprès et autour d'eux, car vous devenez une source d'inspiration et d'avancées. Tout le monde y gagne parce que au fond, les pessimistes (de toutes catégories) aspirent aussi à mieux vivre au bureau. Stimulant, n'est-ce pas ?

SOLUTION

LA SOLUTION CLÉ EN MAIN

~~« Je n'en peux plus, mes collègues de bureau sont tous pessimistes ! »~~

« Je ne donne pas de conseils à mes collègues pessimistes, je leur montre des exemples. »

1. Sachez identifier les pessimistes.

2. Acceptez et aidez vos collègues pessimistes.

3. Affirmez vos positions sans chercher à avoir le dernier mot.

4. Ne donnez pas de conseils aux pessimistes, montrez-leur des exemples.

JE PASSE À L'ACTION !

Vous avez installé ce réflexe optimiste dans votre esprit, agissez maintenant sur le terrain, dans votre réalité. Par exemple : « J'applique ma stratégie optimiste et je commence dès demain le dialogue avec François et Marielle en donnant l'exemple réussi de Michoulon ! » Et dès que vous avez honoré votre engagement, rendez-vous page 265 pour cocher la case correspondante et apprécier vos progrès !

15 5 MINUTES D'OPTIMISME CONCRET ! JE RAISONNE SOLUTION

« JE N'AI JAMAIS DE CHANCE... »

Romane, 18 ans, est folle de joie. Lundi elle part visiter les gorges du Verdon avec sa classe de terminale dont Quentin, un garçon qui ne lui est pas totalement indifférent.

Quelle chance ! Pas de parents, Quentin, les amis, un site de rêve, *Waouh, trop cool, vivement lundi*, se dit-elle.

Samedi, 14 heures. Balle de match, Quentin va remporter sa partie contre Lucas. Plus qu'un point, il attaque en coup droit le long de la ligne et veut monter au filet quand, aïe aïe aïe, sa cheville se dérobe, il s'écroule, criant de douleur. Un médecin accourt, le diagnostic est sans appel, entorse de la cheville avec rupture des ligaments. *Quelle guigne, adieu la découverte du Verdon, adieu Romane et tout le reste.*

Quelques heures plus tard, à l'hôpital. Quentin est effondré par les conséquences de sa chute et par la malchance qui semble l'accabler depuis quelque temps. Le moral au plus bas, il pleure en mesurant tout ce qu'il est en train de rater. Il pense à ses copains qui partent lundi et à Romane qu'il laisse si près de Marcello...

Quentin n'aime pas Marcello et s'en méfie comme de la peste. *Quelle malchance quand même*, se répète-t-il sans cesse !

Lundi, 17 heures, à l'hôpital. Toc toc… La mère de Quentin, Coralie, entre dans la chambre. Blanche comme un linge, la mine déconfite, elle n'ose pas regarder son fils. Elle prend sa main et bredouille… « Mon chéri, j'ai quelque chose à te dire… le… le voyage de ta classe s'est mal passé. Sur la route, le car… le car a… percuté une voiture. »

Par chance, il n'y a que des blessés, mais Romane a les deux jambes cassées. Abattement de la mère et du fils.

En substance :

- La chance de Romane est de partir visiter les Gorges du Verdon. Elle se transforme en problème : l'accident.
- Le problème de Quentin est sa blessure au tennis. Il se transforme en chance : celle d'échapper à l'accident.

Cet épisode est rare, heureusement. Pourtant il existe et peut se transposer à de multiples situations, plus souriantes, de votre existence.

Face à une situation qui ne se passe pas comme prévu, comme vous le souhaitiez et pour laquelle vous avez œuvré, vous réagissez au quart de tour et criez rapidement au manque de chance.

Pire : vous invoquez la chance pour expliquer le succès des autres, voire je ne sais quelle destinée pour expliquer cette déconvenue.

Laissez ce réflexe aux pessimistes et voyez les choses autrement : mesurez votre jugement, car les choses peuvent être vues sous un autre angle.

Même s'il est difficile de déceler une chance dans un problème qui surgit, surtout s'il est sérieux, ce qui vous arrive peut être une chance.

Puisque la vie vous enseigne qu'une chance peut se transformer en problème et qu'un problème peut se transformer en chance, (non, ce n'est pas une lapalissade !) l'optimiste pragmatique en tire deux enseignements :

1. Lorsque vous estimez être chanceux, appréciez ce moment, en ayant conscience que les choses peuvent évoluer dans un sens moins favorable. Et tant qu'elles ne le font pas, pourquoi bouder votre plaisir, savourez chaque minute !

2. Lorsque vous estimez être malchanceux, voyez plus loin que le seul problème et décelez la chance qu'il véhicule souvent. Cette chance peut apparaître ultérieurement, mais elle est là et bien là. À vous de la saisir.

Exemple : pour la troisième fois, votre produit est refusé par un client. Vous apprenez qu'il choisit votre concurrent qui livre plus rapidement que vous. Malchance ou chance ? Et si vous regardiez de près vos conditions de livraison, pour les améliorer, qui dit que le prochain élu ne sera pas… votre produit ? Ainsi considérée, la vie prend une autre saveur. En agissant de cette manière, vous évitez le découragement, l'autoflagellation, les lamentations et finalement l'inaction. Et vous améliorez votre qualité de vie ainsi que votre confiance en l'avenir.

L'optimiste raisonne solution : derrière une apparente malchance, il ouvre l'œil et repère de nouvelles chances qui sommeillent.

« MAMAN, JE N'Y ARRIVE PAS, JE NE SAIS PAS... »

LE SCÉNARIO HABITUEL

Imaginez : vous êtes Florence, maman d'Emma et d'Hugo, une enfant et un ado. Un soir, Emma vous dit : « Maman, je n'arrive pas à » (ranger ma chambre) et Hugo vous implore avec un air de cocker : « Maman, je ne sais pas faire » (mes exercices de maths).

En réalité, ils vous mettent sur le gril. Pourquoi ? Parce que vos chéris sont malins et qu'ils vous passent un message très étudié :

— Nous, on ne sait pas (normal, on est des enfants/ados).

— Toi, tu sais (normal, tu es un parent).

— Bon ben… tu ranges la chambre et tu fais les exercices de maths ?

Bien joué les artistes ! À ce stade, selon votre historique personnel et vos habitudes éducatives, les réactions varient, mais souvent, très souvent, la maman n'y voit que du feu. Ce qui est votre cas. Vous n'entamez pas de pourparlers et plongez sans vous en rendre compte dans les filets tendus par vos amours d'enfants.

Bien sûr, vous rouspétez et faites connaître votre mécontentement de devoir jouer les prolongations après une journée fatigante, mais, même en râlant, vous volez à leur secours et leur donnez un coup de main.

Vous accédez à la chambre d'Emma, un véritable souk. Et là, comme d'habitude, vous allez râler, comme d'habitude, vous allez menacer, comme d'habitude, vous allez… ranger ! Et vos complaintes n'y changent rien : « C'est la dernière fois que je range (refrain connu), il est anormal de voir une chambre dans cet état, tu es grande maintenant », etc. Mais passé ce baroud d'honneur, c'est bien vous, mollement accompagnée par votre fille, qui rangez sa chambre. De A jusqu'à W, vous finirez le reste demain.

Emma s'endort dans une chambre ayant repris l'apparence d'une chambre. Vous pensiez enfin pouvoir vous reposer quand soudain… une complainte vous parvient : « Et moi ? Maman, tu ne m'aides pas ? J'arrive pas à faire ces exercices de maths, tu viens s'te plaît ? »

Lasse et furieuse, vous déboulez dans la chambre de votre merveilleux ado, Hugo. Merveilleux est d'ailleurs vite dit, car sa chambre ressemble à celle de sa sœur, en 10 fois pire, ce n'est plus un souk, mais une grotte. Pas question d'y chercher quelque chose, encore moins de le trouver, le mot juste est « explorer ». « C'est à cette heure que tu me dis ça, lancez-vous à Hugo, sans réussir à le localiser dans la pièce plongée dans le noir ? »

Pour l'approcher, vous suivez le seul petit filet de lumière visible et rencontrez des obstacles indéterminés. Vous tentez une percée, quelle joie de pouvoir faire le Paris-Dakar à la maison !

Sur le terrain, votre progression est ralentie par un tas de jeans gisant un peu partout, l'ordinateur allumé sur YouTube trône sur une pile de magazines, une guitare 6 cordes n'en ayant plus que 4 entrave votre chemin, pas de problème, vous la contournez et vous vous accrochez au lit mezzanine. Comme dans la jungle, vous vous frayez un chemin au coupe-coupe, la boussole n'est pas loin, ça y est, vous vous repérez et avancez doucement mais sûrement. Plus qu'un sac à dos à enjamber, un coup de pied dans les rollers de son copain Léo, ahh… vous venez de marcher sur un tissu, une manche en fait, que vous agrippez et remontez pour identifier le vêtement. Super, vous venez de retrouver sa parka portée disparue depuis un mois ! C'est déjà ça.

Courage, vous touchez au but, et cherchez Hugo dans son lit. Erreur, il est là, allongé – écroulé – par terre devant son cahier de maths, en train de brancher son smartphone dont la batterie est épuisée. Comme vous.

Il est déjà 22 heures. Vous lui reprochez ce véritable capharnaüm, le non-respect de ses affaires et de sa mère d'autant que votre ado vient de terminer une courte conversation de deux heures trente avec, au vu des indices récoltés par vos soins, ce qui ressemble à une copine. Vous déduisez que Hugo commence seulement maintenant à travailler ses exercices. Et que donc, il vous appelle à l'aide après 2 minutes 17 secondes d'intenses efforts.

Mécontente – le mot est faible – vous le cuisinez et apprenez qu'il coince au début du premier exercice et que euh… comment dire… demain a lieu un… un contrôle ! Ce n'est plus la moutarde qui vous monte au nez, mais la colère. « Au lieu de draguer, tu ferais mieux de préparer ton contrôle », ce à quoi Hugo répond imparablement :

— J'te jure qu'on n'a parlé que de maths !

— Ben, dis donc, elle n'est pas bien douée ta copine, elle t'explique pendant deux heures trente et tu cales sur le premier point du premier exercice !

Malgré cela, amour filial ou juste la volonté d'en finir, une fois de plus vous jouez les prolongations d'une journée déjà très chargée. Vous plongez donc dans les équations à deux inconnues. Par chance, vous avez de beaux restes et bouclez les exercices. Pas sûr qu'Hugo ait tout compris, mais les exercices sont faits.

À 23 h 25, vous allez enfin rejoindre votre lit, trop tard pour votre rendez-vous avec votre série policière, mais que ne feriez-vous pas pour aider votre fils ?

Le décor est planté. Avec mille variantes cette situation est courante et soulève une question de fond.

Vos enfants vous demandent de l'aide au motif qu'ils ne savent pas faire quelque chose qui leur incombe. Rien de plus normal. Tout le monde est passé par là et l'on ne soulignera jamais assez le rôle crucial d'une présence parentale active dans l'éducation des enfants. La question n'est donc pas de savoir s'il faut aider vos enfants, mais comment les aider ? Car tout est là.

Le réflexe pessimiste : « Maman, je n'y arrive pas, je ne sais pas... »

Confondre « aider » et « assister »

Quoi de plus naturel que de vouloir aider ses enfants ? Or, ranger la chambre ou faire les devoirs à leur place, c'est finalement passer du temps là où il leur incombe de le faire.

Certes, cela part d'un bon sentiment (aider) ou, par lassitude, montre votre envie d'en finir au plus vite. Pourtant, cette attitude n'est ni constructive ni positive, car elle révèle chez vous un besoin de baliser constamment le terrain en cherchant à réduire tous les risques et à ne surtout rien faire qui puisse heurter vos chérubins.

Par conséquent, en faisant quelque chose à la place de vos enfants :

- Vous apportez une solution qui vous satisfait, vous, parent.

- Vous solutionnez un problème sur l'instant, mais c'est tout.

- Vous fabriquez de l'éphémère et du court terme : vous n'apprenez rien à vos enfants pour leur avenir.

En vérité, **vous ne les aidez pas : vous les assistez.** Votre démarche ne construit rien de durable.

Vous essayez bien de râler, de les menacer et répétez que c'est la dernière fois. Hélas, un réflexe pessimiste fait que vous remettez le couvert à chaque demande de leur part. Résultat : vous perdez en crédibilité et vous récoltez du stress, de l'inquiétude et de la fatigue inutiles.

À retenir : Si les demandes se renouvellent des quantités de fois dans l'enfance, puis à l'adolescence, et que la réponse parentale est toujours la même – « Ne bougez pas les enfants, j'arrive vous donner la solution » – où se situe la frontière entre l'aide nécessaire aux enfants et une certaine forme de « surassistance » ?

Trop aider provoque un manque de confiance chez vos enfants

Dès lors que vous entourez vos enfants de trop d'attention, au risque de les étouffer, et que vous leur fournissez par principe les solutions à leurs problèmes, vous aboutissez au résultat inverse de celui recherché :

- Ils se recroquevillent et deviennent quasi dépendants des autres.
- Ils ne développent pas leurs propres capacités.
- Ils sont privés de réussir par eux-mêmes et de la joie que cela procure.

Le « Je n'y arrive pas » peut alors se transformer en « Je ne suis pas à la hauteur, je n'arrive à rien », et donc impacter tous les domaines de leur vie privée et professionnelle. Pour le dire autrement : à force de répéter que l'on n'y arrive pas et de compter sur une aide extérieure pour résoudre chaque problème, **vous risquez d'engendrer chez eux un manque de confiance et d'autonomie.**

À retenir : Que fera votre enfant quand vous ne vous substituerez plus à lui pour trouver une solution ? D'autant qu'il n'est pas dupe, quand vous l'aidez pour un exercice, il sait que c'est vous qui avez décroché une bonne note, pas lui ! Pensez-vous que sa confiance en sorte renforcée ? Comment réagira-t-il le jour où il sera confronté à un vrai gros problème ?

En adoptant cette attitude faussement positive, vous n'aidez pas votre enfant à construire sa vie. Installez donc une véritable habitude optimiste et décisive.

La solution optimiste : « Je ne donne pas de poisson à mes enfants, je leur apprends à pêcher. »

1. Préférez « apprendre à pêcher » à « donner du poisson »

On connaît tous l'expression « Il vaut mieux apprendre à pêcher que donner du poisson ». Elle s'applique particulièrement aux enfants puisque l'on construit sa vie dans les premiers âges. Quelle est l'idée ? Face aux événements de la vie, donnez 5 poissons à votre enfant, il pourra manger 5 fois, mais que fera-t-il après ? Apprenez-lui à pêcher, il pourra s'alimenter pendant toute sa vie. Tout est dit.

Apprendre à pêcher c'est d'abord expliquer à vos enfants qu'ils ont besoin des autres et d'eux-mêmes. En les laissant faire, vous sollicitez l'initiative, la responsabilité individuelle, la créativité, la recherche de solutions. Cette démarche est plus constructive, solide et s'étend sur le long terme.

2. Montrez la voie et et encouragez l'initiative

Il est important d'inviter à se lancer dès le plus jeune âge. Comment faire pour apprendre à votre enfant à « pêcher » ? Voici une méthode en 4 étapes :

- Expliquez-lui pourquoi il est nécessaire de ranger sa chambre, par exemple.
- Montrez-lui comment y arriver en lui donnant une méthode, et ce qu'il va y gagner.
- Mettez-le en confiance, même si la tâche lui semble grande.
- Félicitez votre enfant le jour où il y arrive, même imparfaitement.

Par conséquent, montrer une méthode, guider, corriger, encourager, motiver et faire faire par l'intéressé, ça, c'est lui apprendre à « pêcher ».

À retenir : Vous vous réjouissez que vos enfants réussissent tout ce qu'ils entreprennent ? Tant mieux. Assurez-vous seulement que vous leur avez appris à faire par eux-mêmes, à se débrouiller, et que vous leur avez donné confiance en eux en montrant… que vous aviez confiance en eux.

Le droit à l'échec

Apprendre à pêcher, c'est montrer la voie et inciter à essayer, quitte à échouer.

Celui qui échoue s'est trompé de solution, mais il a réussi à essayer. Ce n'est pas grave, au contraire, c'est un « bon échec » qui vaut de l'or. Combien de personnes n'osent-elles pas de peur d'échouer ? Combien de personnes ont-elles l'habitude qu'on leur livre du poisson ? Combien s'effondrent le jour où le poisson n'est plus livré, que les choses deviennent difficiles, qu'elles se retrouvent face à elles-mêmes, complètement perdues et ne sachant comment réagir ?

3. Apprenez à vos enfants à construire leur vie

À quel moment construit-on la cheminée d'une maison ? Au début des travaux ou à la fin ? À la fin, oui. Pour la placer sur le toit, il aura fallu passer par des tas d'étapes, concevoir un projet, trouver un financement, un terrain, un architecte, construire les fondations, la cave, le rez-de-chaussée et ainsi de suite jusqu'au toit. Cette maison c'est votre vie ou celle de vos enfants. Attendez-vous à rencontrer des imprévus, des bonnes surprises et des moins bonnes, voire de franchement mauvaises. Vous devrez faire face à tout cela et, un jour, vous verrez la fumée s'échapper de la cheminée.

Cet exemple simple, destiné aux enfants, illustre que **la vie se construit marche par marche**. Et que, même s'ils ont besoin d'aide extérieure pour construire la maison, finalement ce sont eux qui l'habitent. Naturellement, on a toujours besoin des autres. Mais leur rôle change avec le temps et comme la chenille et le papillon, vient toujours le moment de voler de ses propres ailes.

À retenir : Les enfants ont besoin des autres pour apprendre et grandir. Ils ont besoin d'eux-mêmes pour construire et piloter leur vie.

4. Souvenez-vous que vos enfants ont un grand besoin... d'autonomie

Agissez dans leur intérêt véritable pour qu'ils construisent leur vie sur des bases solides. Par exemple : ne donnez pas les solutions des exercices et ne faites pas à leur place ce qu'ils doivent faire. Pour cela, posez-leur des questions pour qu'ils déroulent le raisonnement appris en cours et qu'ils l'appliquent à leurs exercices.

Bref, encadrez-les et corrigez-les, certes, mais faites-les réfléchir, s'interroger, apprendre, essayer. Donnez-leur autant d'autonomie que possible.

Votre rôle est de les guider, mais pas de tout leur apporter sur un plateau, car ils construisent leur vie, alors que vous, euh... c'est déjà bien avancé ! Pour ce faire :

- Encouragez-les à se prendre en main, à tenter, à oser, essayer des choses.

- Laissez vos peurs de côté.

De cette manière vous aidez vraiment vos enfants :

- En ayant confiance en eux, leur optimisme devient naturel et tout-terrain.

- Ils entrent dans un cycle vertueux, dynamique, positif et se sortiront par le haut de n'importe quelle situation, car ils auront appris à le faire.

Comme tout le monde, vos enfants seront confrontés aux épreuves de la vie. En revanche, là où d'autres s'écrouleront faute d'avoir développé une autonomie et une confiance suffisantes, faute d'avoir testé, échoué et rebondi, les vôtres sauront dépasser les épreuves, voir les opportunités et imaginer des solutions quoi qu'il arrive.

Vous aurez aidé vos enfants, non seulement à tirer le meilleur d'eux-mêmes et aussi le meilleur des autres, car ils reproduiront ce système positif, optimiste et qui fonctionne. Ils auront un moral solide, capable de résister aux aléas de l'existence, d'accueillir les bonnes nouvelles comme les difficultés, et d'atteindre leur véritable objectif : vivre heureux. *In fine*, ils sortiront par le haut de n'importe quelle situation, car vous leur aurez appris à pêcher.

SOLUTION

LA SOLUTION CLÉ EN MAIN

~~« Maman, je n'y arrive pas, je ne sais pas… »~~

« Je ne donne pas de poisson à mes enfants, je leur apprends à pêcher. »

1. Préférez « apprendre à pêcher » à « donner du poisson ».

2. Montrez la voie et encouragez l'initiative.

3. Apprenez à vos enfants à construire leur vie.

4. Souvenez-vous que vos enfants ont un grand besoin… d'autonomie.

JE PASSE À L'ACTION !

Vous avez installé ce réflexe optimiste dans votre tête, agissez maintenant sur le terrain, c'est-à-dire dans votre vie familiale. Choisissez une situation réelle. Par exemple : « Je montre à Emma comment ranger sa chambre et ce qu'elle va pouvoir faire ensuite. À Hugo, je pose des questions pour qu'il déroule son raisonnement et trouve lui-même les solutions à ses exercices de maths. » Et dès que vous avez honoré votre engagement, rendez-vous page 265 pour cocher la case correspondante et apprécier vos progrès !

« JE NE L'AURAI JAMAIS CETTE AUGMENTATION »

LE SCÉNARIO HABITUEL

— Alors, il te l'a donnée Maxime ton augmentation ?

— Non.

— Mince alors, il n'a pas voulu ?

— C'est-à-dire… je ne lui ai pas demandé, c'était pas le moment...

— Quoiiii ? Je rêve, tu trouves toujours une excuse pour ne pas parler à ton boss. C'est trop tôt ou trop tard, il est parti, il n'est pas revenu, tu as trop de travail, lui aussi, en fait tu ne la veux pas vraiment cette augmentation.

— Bien sûr que si, mais… mais je n'ose pas, voilà… je ne sais pas m'y prendre, c'est ça, je ne sais pas faire et je me dis que je ne l'aurai jamais.

Vous aussi, vous êtes adepte de ce superbe réflexe pessimiste que vous reconduisez régulièrement et vous empêche d'obtenir une augmentation ?

Il empoisonne tellement votre existence que vous vous promettez de lui tordre le cou… la prochaine fois. Or, cette prochaine fois, c'est maintenant !

Le réflexe pessimiste : « Je ne l'aurai jamais cette augmentation. »

Posons le problème : pourquoi avez-vous tant de mal à obtenir une augmentation ? Il y a 2 hypothèses, c'est soit l'une ou l'autre… soit les deux :

- Vous vivez cette demande comme un mauvais moment, une prise de bec assurée, voire un conflit et vous n'aimez pas ça.
- Vous avez du mal à vous évaluer et n'aimez pas davantage « vous vendre ».

Ce faisant, vous commettez plusieurs erreurs d'analyse et de comportement au regard de votre employeur, de la situation et, bien sûr, de vous-même. Au total, vous taisez votre besoin de meilleure reconnaissance salariale et alimentez frustration, rancœur et sentiment d'injustice. À la longue, la démotivation vous guette, la qualité de votre travail décline et vous filez un mauvais coton.

Ce réflexe pessimiste est donc redoutable. Il vous fait imaginer que rien n'est possible pour vous alors qu'une méthode vous ouvre au contraire les portes de cette augmentation attendue et, sans nul doute, méritée. Suivez-la et installez un nouveau comportement optimiste reposant sur un socle très consistant.

La solution optimiste : « Je la prépare activement et vais la décrocher cette augmentation ! »

Tout commence par une ferme volonté : obtenir une revalorisation de votre rémunération et faire ce qu'il faut pour ça.

1. Déculpabilisez

Pour obtenir cette fameuse augmentation qui vous fuit depuis un moment, il faut la demander. Encore faut-il adopter une tactique à la fois pragmatique et rusée. En voici les 2 fondamentaux :

- **Vous travaillez, et vous travaillez bien**. Où est donc le mal à conduire votre carrière et à progresser en rémunération en même temps que progressent votre savoir-faire, votre expérience et vos résultats ? Nulle part.

- **Demander une augmentation est un acte normal** (et sain), dès lors que vous ne le faites pas tous les mois, et quel que soit votre niveau hiérarchique.

La première chose à faire est donc d'oser déculpabiliser votre demande d'augmentation. D'une part, personne ne vit d'amour et d'eau fraîche. D'autre part, vous pensez à votre avenir et personne ne vous le reprochera.

2. Analysez votre rémunération

Une fois que vous ne culpabiliserez plus, vous pourrez analyser, en détail, votre rémunération, en étant particulièrement attentif à ces 3 questions :

- Quelle est votre rémunération de base ?

- Disposez-vous d'avantages complémentaires (voiture de fonction, appartement, etc.) ?

- Votre tout premier contrat dans votre organisation actuelle était-il correctement et justement valorisé ? Ce point est important, car si la réponse est « non », cet argument joue en votre faveur, il y a du rattrapage dans l'air.

Puis, comparez votre rémunération totale avec le marché et tirez la conclusion qui s'impose : vous êtes très mal, mal, normalement, bien, ou très bien payé (rayez les mentions inutiles).

À retenir : D'une manière ou d'une autre, vous travaillez à promouvoir votre entreprise et il vous est demandé de bien le faire, n'est-ce pas ? Alors comment pourriez-vous vendre efficacement votre société et ne pas savoir vous promouvoir vous-même ?

Tels sont les faits sur lesquels vous appuyer pour nourrir la suite de votre plan d'action : la demande d'augmentation. Préparez-la en fin stratège.

3. Ne vous vendez pas, vendez vos résultats

Vous n'êtes pas à vendre. Vos résultats, eux, le sont. Sans fausse modestie, ni aucune vanité, faites valoir ce que vous avez permis d'obtenir ou de réaliser, de lancer ou d'économiser, etc. Si vos idées et vos initiatives ont fait bondir les résultats, votre apport est indiscutable et mérite d'être récompensé.

Dans tous les cas, soyez concret, factuel et précis. Par exemple, ne dites pas « On a plus vendu », mais « Rayon jouets de plage : +12 % de juin 2018 à octobre 2018 ».

À retenir : Vendre vos résultats est toujours une stratégie gagnante. D'ailleurs, cette mécanique n'est-elle pas utilisée pour vous faire acheter tous les produits de consommation, du fauteuil qui vous soulage le dos, au logiciel qui vous fait gagner un temps fou ?

4. Ne foncez pas tête baissée, préparez le terrain

Pour parvenir à votre objectif, étudiez le terrain et renseignez-vous bien. En effet, identifiez les habitudes de votre entreprise en matière de hausse de rémunération.

En d'autres termes, demandez-vous :

- Qui conduit la discussion ? Qui est décisionnaire ?
- La hausse de rémunération se tient-elle une fois par an, lors de l'évaluation annuelle, ou de manière plus improvisée ?
- Comment se termine-t-elle généralement ? Avec 20 % de hausse ou 0,001 % (les deux sont peu probables) ?

Une fois doté de ces informations précieuses, passez à la suite, sans vous ruer sur votre boss, il y a encore du chemin à faire pour bien préparer le terrain.

À retenir : Il est très important de connaître les habitudes de rémunération de votre entreprise afin de ne pas être à contre-courant du mouvement et faire la demande au bon moment.

5. Ne confondez pas vitesse et précipitation

Le salarié cherche le sens de ce qu'il fait et l'employeur cherche lui aussi le sens de l'engagement de son collaborateur. C'est pourquoi, sauf si vous avez fait bénéficier votre entreprise de l'affaire du siècle en un temps record (cas rare), donnez du temps au temps.

Lorsque votre ancienneté dans l'entreprise est faible et même si vous avez obtenu de bons résultats rapidement, ne montrez ni empressement exagéré ni appétit carnassier. Votre impatience jouerait contre vous.

À retenir : Il serait malvenu et dommageable pour vous de montrer combien l'argent est votre seule motivation. Une collaboration employé/employeur vraiment productive est celle qui satisfait les deux parties, au sens où chacune y trouve son intérêt sur tous les plans.

6. Fondez votre demande d'augmentation

Avant de déterminer quelle augmentation vous demanderez, étudiez votre poste. Et posez-vous les bonnes questions. Par exemple :

- Êtes-vous nombreux à occuper vos fonctions ou êtes-vous le super spécialiste que l'on s'arrache à n'importe quel prix, faute d'en trouver d'autres ?

- Votre job est-il un peu, beaucoup ou très qualifié ?
- S'y former prend-il beaucoup de temps ?
- Est-il en voie de disparition ou au contraire en plein boom aujourd'hui et dans les prochaines années ?

Analysez-le objectivement, dans le détail, afin de déterminer votre position : « Je demande une augmentation de x % fondée sur les éléments suivants… »

À retenir : Déterminer votre taux d'augmentation doit reposer sur une base définie et objective.

7. Soyez tactique

Saisissez le bon moment pour vous lancer. Si votre entreprise est totalement mobilisée pour décrocher un marché, que les équipes sont charrette et tirent toutes dans le même sens pour atteindre l'objectif (situation grisante !), alors ce n'est pas le bon moment pour solliciter une augmentation.

Il peut y avoir de nombreuses raisons pour différer votre demande – difficultés, restructuration, réorganisation, innovation imminente, etc. **Il vaut mieux attendre un peu et sortir du bois au bon moment et avec la bonne argumentation plutôt que de vouloir passer en force**, au risque de griller vos cartouches.

Enfin, pur bon sens, ne fondez pas sur votre boss entre deux portes ou à la sortie du parking : prenez date avec lui et annoncez la couleur : « Voilà Maxime, je souhaite vous (te) demander une augmentation, mais ce n'est pas le bon moment. Quand pouvez-vous (peux-tu) me recevoir pour en discuter ? » Il appréciera votre sens de la bienséance. Et vous en saura gré.

À retenir : Choisissez bien votre moment, ceci est décisif.

8. Sachez lever les objections

Achevez patiemment de mettre en œuvre votre stratégie, sans rien omettre ni négliger. En effet, avez-vous pensé à lever les objections de votre boss ? Celles-ci peuvent être multiples : « C'est trop tôt ; tu n'as pas encore vraiment fait tes preuves ; la société est en difficulté ; plus tard quand on aura décroché le client belge ; tu en as déjà eu une l'année passée ; il faut t'améliorer dans tel secteur, etc. »

Ces objections peuvent contrer votre brillant projet si vous ne savez quoi y répondre. **Faites donc une liste de tout ce qui peut vous être opposé. Entraînez-vous à argumenter méthodiquement, point par point, en restant sur les faits.**

Dans le cas où l'objection est bien réelle et non de circonstance, et que votre hausse de rémunération est impossible, gardez la maîtrise du sujet, soyez pro jusqu'au bout des ongles et proposez de contractualiser une augmentation quand les choses iront mieux. Vous montrerez ainsi votre sens des responsabilités et un savoir-faire appréciable dans l'art de la négociation.

À retenir : Prenez soin de préparer les éventuelles objections à votre demande d'augmentation. Savoir y répondre vous permettra de démontrer tout votre professionnalisme.

Maintenant vous êtes prêt. Votre stratégie repose sur du solide et alimente votre optimisme. Évidemment, rien ni personne ne peut garantir que vous obtiendrez à coup sûr l'augmentation rêvée. Cependant, une chose est certaine : vous avez en main toutes les raisons d'y croire et de l'obtenir finalement.

L'optimisme, ce n'est pas vouloir que les choses se terminent bien pour satisfaire son envie de succès : au contraire, c'est réfléchir, s'organiser, analyser, agir, pour qu'elles se terminent bien, effectivement. Nuance. Et meilleurs encouragements !

LA SOLUTION CLÉ EN MAIN

~~**« Je ne l'aurai jamais cette augmentation. »**~~

« Je la prépare activement et vais la décrocher cette augmentation ! »

1. Déculpabilisez.

2. Analysez votre rémunération.

3. Ne vous vendez pas, vendez vos résultats.

4. Ne foncez pas tête baissée, préparez le terrain.

5. Ne confondez pas vitesse et précipitation.

6. Fondez votre demande d'augmentation.

7. Soyez tactique.

8. Sachez lever les objections.

JE PASSE À L'ACTION !

Vous avez installé ce réflexe optimiste dans votre tête, agissez maintenant sur le terrain, c'est-à-dire dans votre vie professionnelle. Choisissez une situation réelle. Par exemple : « Je prépare mon dossier et demande à Sylviane le 15 du mois prochain une augmentation de 3,6 % en raison de mes résultats en hausse de 13 % sur l'année passée. » Et dès que vous avez honoré votre engagement, rendez-vous page 265 pour cocher la case correspondante et apprécier vos progrès !

« SI JE DIS "NON", CELA VA ME RETOMBER DESSUS »

LE SCÉNARIO HABITUEL

Imaginez. Samedi dernier, votre amie Mélanie vous entraîne dans une séance shopping dont elle raffole. Lundi, au bureau, Yann vous remercie de regarder ce dossier urgent... une fois de plus. De son côté, votre chéri vous tanne depuis une semaine pour aller voir ce film qui le transporte et vous endort par avance.

Le point commun à ces trois situations? Vous obtempérez, car vous ne savez pas dire « non ». Ce serait pourtant si simple de décliner poliment :

— Non, ce n'est pas le moment de faire du shopping, ma carte bleue est en burn out.

— Non, désolée, impossible de prendre un dossier de plus, j'ai déjà trois réponses urgentes à donner.

— Non, le ciné peut attendre, j'ai juste envie de prendre un bain et de me relaxer.

Ce serait si simple, mais vous ne le faites pas. Impossible de dire, « non », car vous vous demandez : *Que dira Mélanie si je la laisse tomber alors qu'elle adore dévaliser les boutiques avec moi ? Comment Yann va-t-il interpréter mon refus de prendre un dossier de plus ? Il pensera que je ne fais pas le job. Sans parler de ma moitié qui va m'en vouloir si je fais passer mon besoin de détente avant son envie de cinéma.*

Bref, vous êtes ce que l'on appelle « une bonne pâte ». Pour vous, dire « non » aux sollicitations est difficile, voire impossible. Au départ c'est un avantage, à l'arrivée un inconvénient. Prenez-en conscience, car ce qui suit, c'est vous.

Le réflexe pessimiste : « Si je dis "non", cela va me retomber dessus. »

Il est important de comprendre que vous vivez sous l'emprise d'un comportement pessimiste qui vous oblige à répondre « oui » à chaque sollicitation.

Si je dis « non », « on » va me critiquer

Dans votre esprit, dire « non » impose de vous justifier auprès de votre amie, votre boss, votre amoureux. Or, qui dit explication dit risque de fâcherie, et même pour tout l'or du monde, vous n'en voulez pas.

Finalement, tel l'animal craintif, **vous souhaitez absolument éviter la négociation, la confrontation, le conflit avec l'autre, et donc, la critique.**

Si je dis « non », mon image va se dégrader

Quand on vous demande quelque chose, c'est oui, c'est d'accord, vous le faites sans discuter, même si cela vous coûte. Sans vous en rendre compte, en accédant aux demandes de votre entourage, **vous veillez à projeter une bonne image autour de vous**, à marquer des points dans leur estime… et dans la vôtre.

Bien évidemment, vous récoltez les compliments (« Tu es super, on t'aime, tu es formidable, heureusement que tu es là »). Cela fait du bien, n'est-ce pas? Tellement de bien que vous n'imaginez pas perdre cette belle considération de la part des autres. Tellement de bien que l'image de celui ou celle qui met de l'huile dans les rouages, qui est toujours d'accord pour tout, qui débloque les situations, vous va comme un gant.

Or, que se passerait-il si vous disiez « non » ? Envolée votre belle image… vous ne seriez plus celui ou celle que vous êtes aujourd'hui et cela vous fait mal. C'est pourquoi vous dites toujours « oui ».

Si je dis « non », ce n'est pas bon pour mon avenir

Vous avez l'impression que refuser peut détériorer votre avenir. Par exemple : qu'une amitié en souffrira ; que refuser de traiter un dossier urgent n'est pas bon pour votre avancement ; que votre partenaire éconduit ira au cinéma seul ou accompagné de votre ennemi juré, etc.

Qu'est-ce que cela signifie ? Tout simplement, que vos préoccupations stratégiques confortent votre position de dire « oui ». Bref, vous refusez de refuser.

Quelle que soit la raison pour laquelle vous n'arrivez pas à dire « non » aux sollicitations, le résultat est le même : vous en souffrez et vous voudriez vous libérer de ce carcan. Et, comme la plupart des gens qui ne savent pas exprimer leur opposition, vous alimentez des pensées négatives qui, consciemment ou non, vous freinent. Mais vous ignorez comment faire pour enclencher une dynamique gagnante. Cela tombe bien, testez le comportement optimiste ci-dessous, vous allez franchir un palier, dans l'autonomie, la confiance, l'efficacité personnelle et le plaisir de vivre.

La solution optimiste : « Dire "non"? Je dis "oui"! »

1. Mémorisez les 3 excellentes raisons d'apprendre à dire « non »

Récupérer du temps

Sans être égoïste ni limiter en quoi que ce soit votre investissement personnel dans vos activités, ouvrir constamment la porte à ce que l'on vous demande réduit le temps consacré à ce que vous aviez prévu de faire et donc le temps disponible pour vous. Or, **votre temps n'est pas moins précieux que celui de l'autre**.

Au contraire, décidez d'en récupérer tout ou partie, car, à l'exception de la santé, le temps est votre capital le plus import… temps.

Affirmer votre personnalité

Vous aimez être aimé et projeter une belle image, soit. Toutefois, la médaille a son revers, car celui qui dit « oui » tout le temps est aussi celui qui ne montre pas aux autres sa force de caractère.

Par conséquent, à tort ou à raison, répondre « oui » à toutes les sollicitations ou **ne jamais s'opposer projette à la longue une image contrastée de votre personnalité**. On entre dans le tiède, le mollasson, le consensuel, le « pas de vagues ».

Fixer des limites

Exemple : votre boss vous donne un dossier urgent que vous prenez pour le dépanner, c'est très bien. Il remet ça la semaine d'après, vous le dépannez à nouveau, c'est bien. Puis la semaine suivante parce que « Tu as été top », cela devient moins bien. Résultat : comme vous ne dites jamais « non », il en fait une règle permanente et vous bombarde d'imprévus. Là, cela devient franchement pénible. Et totalement contre-productif.

Notez-le, ce raisonnement s'applique à tous les domaines de votre vie et à tout votre entourage.

Pour éviter les abus et vous protéger de certains, fixez donc des limites, ouvertes, souples, mobiles, mais des limites quand même. Apprendre à dire « non » vous permet de le faire. Avantage supplémentaire : **fixer ces limites vous fait récupérer du temps** et conforte votre personnalité aux yeux des autres.

À retenir : Répondre « non » est positif puisque cela vous permet de vous faire économiser du temps et du stress. Cela fixe les limites tout en affirmant votre personnalité. Ces trois raisons préalables créent le socle du nouveau comportement optimiste en cours d'installation.

2. Prenez la décision ferme et définitive de dire « non »

L'optimiste s'accorde le droit de dire « non » (merci)

Comme tout le monde, vos croyances guident votre vie. Si donc, à l'âge des couches-culottes, vos fréquents et sonores « nooonnn » n'ont eu aucun effet sur vos parents et sur votre entourage, vous avez cultivé la croyance (inexacte) que votre refus ne valait rien hier et qu'il ne vaut pas plus aujourd'hui. Partant de là, puisque, pensez-vous, votre opposition n'a aucun poids, pourquoi donc l'exprimer ? Puisque l'on ne vous entend pas, à quoi bon manifester votre refus ? C'est pourquoi vous dites « non » au non.

Changez de vision. Et autorisez-vous, une fois pour toutes, à dire « non ». Car **votre avis compte** ! En effet :

- Il n'est pas forcément le meilleur mais, comme les autres, il mérite d'être entendu.

- L'exprimer, c'est vous accorder une plage d'appréciation et de liberté sur ce qui est bon ou pas.

Vous avez un avis, tant mieux, donnez-le, même quand il marque un refus. En effet, vous avez naturellement le droit (et le devoir) de dire « non » quand la situation le justifie. Et comme un excès ne rachète pas un autre excès, veillez à utiliser ce nouveau pouvoir à bon escient, ne tombez pas du « tout oui » dans le « tout non » qui n'aurait ni sens ni efficacité. Ainsi, vous jouez juste et éliminez d'avance les regrets inutiles : vous assumez clairement vos choix.

L'optimiste cesse de vouloir être aimé par la terre entière

Soyez pragmatique : qu'est-ce qui est le plus important ? D'être aimé par tous ou de vivre comme vous l'entendez, du mieux possible, en bonne harmonie générale avec votre entourage ? **Plaire à tout le monde, c'est ne plaire à personne.** Partant de là, ne craignez plus de mécontenter l'un de vos proches ou vos collègues : vous n'êtes pas d'accord avec eux, tant pis. Au moins auront-ils appris que vous avez un avis et du caractère ! En effet : ils sauront désormais que vous pouvez leur dire « non ». Leur regard changera en mieux, ils vous respecteront davantage et penseront à vous consulter la prochaine fois. Ce qu'ils ne faisaient pas avant puisque vous étiez toujours d'accord pour faire ce qu'ils vous demandaient. En quelque sorte, vous entrez à nouveau dans le jeu.

Listez vos priorités

Quels sont vos objectifs principaux dans la sphère privée et professionnelle ? Notez-les avec soin. Ensuite, répondez à ces importantes questions :

- Que suis-je décidé à accepter ?
- Que suis-je décidé à refuser ?
- Avec quelles réserves et dans quelles limites ?

En y réfléchissant, vous vous donnez plus d'importance, plus d'attention et vous **valorisez votre personnalité**. Vos yeux s'ouvrent alors sur un fondamental de la vie : si les autres font partie de votre vie, ils ne sont pas votre vie. Vos parents, vos enfants, vos amis, vos collaborateurs et collègues font partie de votre vie, ils l'influencent, parfois énormément, mais ils ne sont pas votre vie.

En répondant à ces questions, vous identifiez les situations privées et professionnelles où tantôt vous exprimerez un oui, tantôt un non.

À retenir : À partir du moment où vous vous accordez le droit de dire « non » et que vous cessez de vouloir être aimé par ceux qui vous sollicitent, alors vous pouvez vous libérer du oui et exprimer un refus.

3. Dites « non » efficacement : sur la forme

Pour bien exprimer et faire passer le message de votre refus, tenez compte de votre interlocuteur. L'objectif est de vous faire entendre, donc comprendre, ni plus ni moins.

Selon la situation, choisissez la meilleure de ces 4 techniques :

- **Le NON « char d'assaut ».** Réservez cette technique pour toutes les croyances qui vous pénalisent depuis toujours. Exemples : « Dire "non" c'est aller au conflit » ; si je dis "non", ça va me retomber dessus », etc. Là, pas de négociation possible, exprimez un non franc, massif et définitif à ces croyances toxiques.
- **Le NON « Quai d'Orsay ».** Vous exprimez votre refus de manière plus diplomatique plus feutrée,

comme si vous conversiez en honorable compagnie dans un salon du Quai d'Orsay, marchant sur 10 centimètres de moquette, sous des lustres dont chacun réclame trois jours de nettoyage et à un mètre d'un buffet royal garni de 5 rangées de petits fours… Utilisez cette technique lorsque votre interlocuteur est plutôt formaliste ou qu'il peut être susceptible. Bref, faites-lui passer votre message dans le respect des convenances et de la bienséance. Quelque chose qui commence comme ça : « Je souhaitais savoir si éventuellement, dans la mesure où cela ne vous dérangerait en rien, vous pourriez entendre un avis légèrement contraire au vôtre… »

- **Le NON « rustique ».** À la fois directe et concise, cette technique s'applique quand vous ne prenez pas de gants avec votre interlocuteur, que vous n'avez pas trois jours pour lui exprimer votre refus et que vous n'avez pas non plus l'intention d'en discuter longtemps. « Quand je dis "non", c'est non, j'crois q'c'est clair, pas la peine d'y revenir cent sept ans, si Jean-Phi dit "non", Jean-Phi dit "non", là ! »

- **Le NON « passe partout ».** Cette quatrième technique consiste à dire les choses simplement, ni trop fort, ni pas assez, avec politesse mais de manière directe : « Désolé, je ne peux pas préparer ce rapport pour mardi. Non merci, je ne pourrai pas aller à la réunion vendredi, etc. »

À vous de choisir dans cette palette de techniques, l'essentiel, étant d'exprimer votre refus avec la forme et l'intensité adaptées à la situation et à votre interlocuteur.

4. Dites « non » efficacement : sur le fond

Bien entendu, dire « non » sans présenter le moindre argument est comme un cautère sur une jambe de bois, cela ne sert à rien. Préparez et structurez donc votre propos. Il sera d'autant mieux accepté que vous l'aurez travaillé et fait reposer sur des arguments valables.

Fondez votre refus sur un argument solide et de bon sens

Prenons un exemple que vous avez dû vivre : Yann, votre manager vous apporte un dossier urgent vous demandant de le rendre pour… hier. Ou à peu près. Or, vous avez déjà trois autres projets, également urgents, à délivrer à des clients en attente. Si donc vous traitez ce quatrième dossier, toutes affaires cessantes, pour satisfaire la demande de votre manager, vous allez nécessairement prendre encore plus de retard sur les trois autres dossiers, déjà en attente et déjà en retard, au risque d'indisposer les clients. Dans ce cas, exprimez votre refus de cette manière :

- « Yann, veux-tu mécontenter trois clients en une fois ? »
- « Si le dossier 4 vient seulement d'arriver, il peut à son tour attendre un peu, le temps de terminer les

trois autres. Ainsi les quatre clients seront satisfaits au lieu d'un, qu'en dis-tu ? »

Sauf cas exceptionnel – le dossier de l'année qui atterrit sur votre bureau – l'intérêt collectif est de refuser de prendre en charge le travail supplémentaire demandé par votre manager. Au vu des arguments présentés, il le comprendra parfaitement. Voyez combien votre « non » prend de la consistance.

Proposez une solution alternative

Vous pouvez faire encore mieux. Ayant refusé à Yann de traiter son dossier, proposez-lui une ou plusieurs pistes de sortie, des solutions constructives et crédibles. Exemple : « Yann, comme on l'a dit, je termine ces 3 dossiers puis j'attaque le 4e mercredi matin, c'est bon pour toi ? Sinon, tu peux aussi demander à Bérénice qui est dispo actuellement, elle saura parfaitement traiter le dossier. Il faut juste la prévenir dès que possible. »

À retenir : L'idée est de fonder votre non d'une part sur des arguments indiscutables et de bonne foi et, d'autre part, sur des solutions alternatives crédibles.

Tout le monde comprend que vous marquez votre refus, non pour ennuyer qui que ce soit, mais dans l'intérêt de tous. Et comme vous avez l'habitude de répondre aux sollicitations raisonnables, alors votre NON prend encore plus de consistance et personne ne songera à vous le contester.

SOLUTION

LA SOLUTION CLÉ EN MAIN

~~**« Si je dis non, cela va me retomber dessus. »**~~

« Dire "non" ? Je dis "oui" ! »

1. Mémorisez les 3 excellentes raisons d'apprendre à dire « non ».

2. Prenez la décision ferme et définitive de dire « non ».

3. Dites « non » efficacement : sur la forme.

4. Dites « non » efficacement : sur le fond.

JE PASSE À L'ACTION !

Vous avez installé ce réflexe optimiste dans votre tête, agissez maintenant sur le terrain, c'est-à-dire au quotidien. Choisissez une situation réelle. Par exemple : « Je dis non à Thomas qui m'a programmé une formation pour le 20 alors que je dois absolument rendre le rapport Fimatix pour le 22. Je libère le 25 et lui propose cette date. Je la bloque déjà. » Et dès que vous avez honoré votre engagement, rendez-vous page 265 pour cocher la case correspondante et apprécier vos progrès !

« JE SERAI HEUREUX(SE) QUAND J'AURAI PLUS D'ARGENT, DE TEMPS, D'AMOUR, UN JOB, ETC. »

LE SCÉNARIO HABITUEL

Histoire vraie. Un de mes amis, Gérald (prénom emprunté), est un marin chevronné. La mer est son domaine, sa raison de vivre et, sans concurrencer François Gabart ou Loïck Peyron, on peut dire qu'il sait faire naviguer un voilier. Depuis plus de trente ans, Gérald rêve d'en posséder un.

Rêver est d'ailleurs un mot faible puisque toute sa vie est organisée dans ce but ultime, un jour, monter sur

SON (beau) bateau et prendre le large. Et justement, il y a quelques années, Gérald monte sur un voilier de 16 mètres devenu… son bateau.

Gérald est fou de joie, il ne tutoie pas le bonheur il EST le bonheur : « Enfin... enfin… trente ans que j'attends ce moment… ce… ce n'est pas possible... je rêve debout... »

Il part alors pour des mois de croisière. On le croit dans l'Atlantique, il est dans la Manche, on le croit au Portugal il navigue aux Antilles, Gérald n'est plus un marin, c'est une anguille, un mammifère qui migre à tour de bras et sillonne les mers. Peu à peu, nous perdons le contact.

Deux ans plus tard, nous nous retrouvons chez des amis communs. Gérald est triste, presque abattu, ce n'est plus, mais alors plus du tout, le marin flamboyant aux yeux bleu azur que je connais.

— Que se passe-t-il Gérald, ça va ?

— Ne m'en parle pas, je suis au bout du rouleau. Ce bateau d'occasion craque de partout, il me coûte une fortune, je me prive de tout. Ma femme m'a quitté parce qu'elle ne comprend pas que je passe tant de temps en mer. Quant aux enfants, ils n'en ont rien à… « ciré » ! J'essaie de le revendre, car la situation est intenable, mais personne n'en veut. Et plus ça va, plus je m'enfonce. Tu vois Jean-Luc, mon rêve s'est transformé en cauchemar.

À ce moment, les larmes coulent sur le visage bronzé de Gérald. Il rêvait de posséder un voilier, considérant qu'il serait heureux à partir de ce moment-là. Dès lors que sont apparus des ennuis, trente ans de rêves et d'espoir sont partis en fumée, ce simili bonheur a totalement disparu et s'est transformé en calvaire. Après avoir ramé pour acheter son bateau, voilà qu'il sombre avec lui.

Que retirer de cette histoire vécue par mon ami ? En d'autres termes : comment pouvez-vous vivre (plus) heureux ?

Le réflexe pessimiste : « Je serai heureux(se) quand j'aurai plus d'argent, de temps, d'amour, un job, etc. »

Votre véritable but dans la vie, celui que vous visez chaque matin en vous levant est d'être heureux. Vous n'en avez pas forcément conscience, mais là est bien le but ultime de tout être sur Terre. Et personne ne débute une journée en espérant être malheureux. Au regard de cet objectif supérieur – vivre heureux – le reste est, dès lors, subalterne.

C'est donc un leurre que de :

- **Lier votre bonheur à la réalisation de vos objectifs :** vous risquez, au contraire, de passer à côté de cette plénitude que vous recherchez. Soit parce que la vie fera que vous n'atteindrez pas vos objectifs, soit parce que, même si vous y arrivez, rien ne prouve que ces succès vous rendront heureux dans la durée.

• **Repousser à plus tard votre bonheur**, quand vous serez en couple, quand vous aurez un bon job, des enfants, des sous à la banque, un nouvel appartement, une nouvelle voiture, etc.

En effet, ces deux approches erronées – confondre réussite et bonheur et repousser celui-ci à plus tard lorsque les conditions seront réunies – créent **une source majeure de désenchantement et de pessimisme.**

À retenir : Quels que soient les ressources et les efforts que vous déployez au quotidien pour atteindre ce que vous visez, vos objectifs personnels et professionnels ne sont que des instruments de votre bonheur et non le bonheur lui-même.

La réussite n'est pas le bonheur. Se détacher de cette croyance est salutaire, tant elle crée de désillusions au quotidien. Mieux vaut mettre en œuvre une nouvelle approche des choses et un comportement optimiste efficace face aux événements de la vie.

La solution optimiste : « Le bonheur c'est maintenant. J'apprécie ce que j'ai et ce que je peux faire avec. »

1. Repensez votre capital bonheur

Interrogez-vous vraiment. Au fond qu'est-ce qui vous rend heureux ? De quoi avez-vous besoin pour vous sentir bien, en paix, en harmonie avec vous-même et avec les autres ? Le bonheur est-il pour vous une succession d'acquis, de rencontres, de moments forts, de possessions, de contributions à une œuvre collective, de réalisations matérielles et intellectuelles ? Est-il l'accomplissement d'une mission de vie qui guide chacun de vos pas ? Est-il de trouver du sens à ce que vous faites ici-bas ?

Une fois que vous saurez quels sont les ingrédients qui font votre bonheur, notez-les pour vous y référer chaque fois que le besoin se fait sentir. **En repensant ainsi votre capital bonheur, vous identifiez précisément l'essentiel à vos yeux.** À vous, ensuite, de recentrer votre vie autour de cet essentiel.

Les effets seront bénéfiques :

- Vous ne serez plus dans l'éparpillement et la dispersion.
- Vous mènerez votre barque plus directement et plus sûrement, en accord avec vos valeurs, vos croyances, et finalement, ce qui vous fait vibrer.

S'il y a évidemment des gens heureux (tant mieux !) rares sont ceux qui disent avoir nagé dans le bonheur. Pourquoi ? D'abord parce qu'ils n'ont pas mis noir sur blanc leur recette personnelle du bonheur. Ensuite, parce qu'ils ne se sont pas posé cette question de fond : et si **la clé d'une vie heureuse n'était nulle part ailleurs que dans la façon de voir et de vivre les événements ?** Quand ils le comprennent, il est trop tard…

À retenir : Comment pourriez-vous juger de votre état de bonheur sans même avoir identifié les ingrédients qui le constituent ?

2. Ne focalisez pas votre regard sur ce qui vous manque

Un des leviers fondamentaux du pessimisme est de vous focaliser sur ce qui vous manque, l'érigeant en obstacle à votre bonheur. « Je n'ai pas de job, pas d'ami, pas de relations, pas de voiture, donc je ne peux pas être heureux. »

Ainsi, vous risquez de faire une fixation dessus, d'alimenter frustration, regrets et rancœur et, en fin de compte, d'oublier de savourer tout ce dont vous disposez.

Pour vivre heureux, cessez d'alimenter votre insatisfaction, cessez de cultiver le ressentiment, regardez plutôt TOUT ce dont vous disposez. Là est la mine d'or, la pépite, le trésor. Là est votre bonheur ! En résumé :

- Apprenez à aimer ce que vous avez.
- Pensez à tout ce que vous pouvez faire avec ce que vous avez.
- Ne regardez donc pas principalement ce qui vous manque.

Regardez tout ce que ce trésor vous permet de faire au lieu de vous focaliser sur ce qui vous manque. Alors vous ferez un pas décisif vers plus de plaisir de vivre. Et vous aurez éliminé une des plus grandes causes de pessimisme.

3. Faites la différence entre réussir et être heureux

La réussite est seulement porteuse d'instants de bonheur. Lorsqu'elle vous visite, les choses se déroulent en 4 temps :

- **Génial, vous avez atteint votre but.** Vous savourez le résultat de vos efforts en vous repassant le film des événements. Vous revoyez tout ce que vous avez dû entreprendre et surmonter pour parvenir au but (nouveau job, nouvel appartement, etc.). Vous êtes dans un état quasi jouissif. Vous imaginez tout ce que vous allez pouvoir faire. Vous êtes transporté, exalté, transfiguré. Bref, le bonheur intégral.
- **Ce que vous avez obtenu devient peu à peu une composante « normale » de votre vie.** Le sentiment de bonheur est toujours là, mais moins

fort qu'au début, car, au fil du temps, ce qui vous a tant fait courir, s'inscrit chaque jour un peu plus dans votre routine. Au point de devenir un élément « normal » de votre vie... forcément vous regardez un peu moins ce que vous avez fini par obtenir.

- **Alors surgissent les défauts et inconvénients.** À l'usage, vous constatez de plus en plus de défauts qui vous déçoivent, voire vous irritent. Par exemple : si votre objectif était l'acquisition d'une maison, tout compte fait, elle est trop petite, trop isolée, trop vieille, trop coûteuse. Bref, les inconvénients grossissent à vue d'œil et se multiplient, réduisant d'autant ses avantages. S'ouvre alors la boîte à regrets : « J'aurais dû, il aurait mieux valu... » Votre bonheur du début n'est plus qu'un souvenir. Certes, vous aimez toujours votre maison, ou votre nouveau job, mais plus de quoi sauter comme un cabri sous l'effet d'un bonheur paroxysmique.

- **Vous vous mettez en quête d'autre chose.** N'étant plus 100 % satisfait, sous l'effet de la routine ou des inconvénients de ce que vous avez acquis, voire obtenu, vous transférez votre attente de bonheur sur autre chose, une autre réussite, un autre désir et vous le reportez à plus tard. Tout a basculé.

Alors vous prenez conscience que cette mécanique à quatre temps s'applique à tout. Et qu'elle révèle deux faits majeur :

- Réussite et bonheur n'ont rien à voir.
- Confondre l'un avec l'autre c'est se résoudre à n'être jamais heureux.

En d'autres termes : vous désirez quelque chose et l'obtenez après bien des efforts. Dans l'euphorie de la nouveauté, vous croyez atteindre le bonheur... erreur fondamentale... vous ne connaissez que des instants de bonheur, faits de plaisir, de satisfaction d'un désir, par nature éphémère et rien de plus, car ce plaisir va s'estomper au fur et à mesure, et révéler ses défauts.

Alors vous cherchez autre chose pour satisfaire votre soif de bonheur. Et le même processus recommence. Preuve que le bonheur est bien différent de la réussite et du plaisir qui en résulte. **Séparez donc la réussite du bonheur.**

À retenir : Le succès peut ponctuellement vous faire vivre des moments de bonheur, mais n'est en aucun cas le bonheur lui-même. Celui-ci est plus grand, plus intense, plus durable et n'est pas forcément lié à la réussite. Sinon, pourquoi tant de personnes qui pourtant « ont tout » se déclarent-elles si peu heureuses ?

4. Vivre heureux ce n'est pas demain, c'est maintenant

Ne reportez pas votre souhait de vivre heureux à plus tard. Car le bonheur, c'est maintenant ! Oui, maintenant, en l'état de ce que vous avez et de ce qui vous manque.

Car si vous attendez d'avoir plus de ci ou plus de ça, d'avoir obtenu 100 % de ce que vous souhaitez dans la vie, bref, si vous attendez que toutes les conditions de votre bonheur soient réunies, sachez une chose, elles ne le seront probablement jamais. En effet, quand vous aurez atteint tous vos objectifs, certains proches auront disparu, amputant votre bonheur, une fois encore. Vous aurez donc tout obtenu (dans le meilleur des cas) et en même temps certains êtres chers manqueront à l'appel.

Clairement, le bonheur c'est... maintenant. Appréciez ce que vous avez et ce que vous pouvez faire avec. Cela ne vous empêche évidemment pas d'aller chercher ce qui vous manque, au contraire même, ne vous limitez pas, tentez de conquérir ce qui vous fait vibrer. Le meilleur moyen d'y parvenir est de vous appuyer sur ce que vous avez déjà, de matériel et aussi d'immatériel : santé, amis, famille, spiritualité, etc.

SOLUTION

LA SOLUTION CLÉ EN MAIN

⊗ ~~**« Je serai heureux(se) quand j'aurai plus d'argent, de temps, d'amour, un job, etc. »**~~

✓ **« Le bonheur c'est maintenant. J'apprécie ce que j'ai et ce que je peux faire avec. »**

1. Repensez votre capital bonheur.

2. Ne focalisez pas votre regard sur ce qui vous manque.

3. Faites la différence entre réussir et être heureux.

4. Vivre heureux ce n'est pas demain, c'est maintenant.

JE PASSE À L'ACTION !

Vous avez installé ce réflexe optimiste dans votre tête, agissez maintenant sur le terrain, c'est-à-dire au quotidien. Choisissez une situation réelle. Par exemple : « J'apprécie d'avoir la santé. Je m'appuie sur ma résistance physique et morale pour lancer mon nouveau projet de drone écologique. » Et dès que vous avez honoré votre engagement, rendez-vous page 265 pour cocher la case correspondante et apprécier vos progrès !

20 5 MINUTES D'OPTIMISME CONCRET ! JE RAISONNE SOLUTION

« C'EST LA CRISE ! JE NE FAIS RIEN, J'ATTENDS QUE ÇA PASSE... »

« Ouh là, c'est la crise, je fais profil bas en attendant que ça passe. Pas de risque, pas de risque… je reste aux abris. »

Voilà un réflexe pessimiste aussi courant que peu pertinent !

En réalité, il n'y a pas une crise mais des crises, ce phénomène cyclique faisant pleinement partie de la vie. La crise a de multiples facettes et touche tout le monde, à un moment ou un autre.

La preuve ? Crise d'adolescence, de la trentaine, quarantaine ou cinquantaine (voire plus), crise diplomatique, morale ou financière, crise sociale, identitaire ou politique, la crise s'invite partout. Dans les corps, c'est la crise de foie. Dans les esprits, la crise de foi. La crise touche même le cœur, c'est la crise cardiaque. N'en jetez plus, on frise la crise de nerfs. Et même la crise de rire !

Puisque la crise « c'est tout le temps, sur tous les sujets et pour tout le monde » votre attitude face à elle est décisive.

Face à une crise, le pessimiste estime qu'il est plus prudent d'attendre, au motif que :

- Il ne sait pas ce que l'avenir réserve.

- Il ne sait pas davantage comment les choses vont tourner d'autant, bien évidemment, qu'elles se présentent mal.

Au besoin il ajoute sa petite touche personnelle – orientée problème – pour montrer que, décidément, mieux vaut ne rien faire, jusqu'à ce que cette fichue crise soit passée. Ainsi se donne-t-il des raisons de continuer à s'inquiéter, à inquiéter les autres et à ne pas bouger d'un pouce.

Certes, cette solution « Je ne bouge pas, je ne fais rien en attendant que la crise passe » peut, dans certains cas, se justifier, mais elle n'est qu'une réponse temporaire, pas une conduite de vie. En effet, l'inaction peut non seulement aggraver la crise mais aussi en générer de nouvelles.

Ne pas agir, ne pas prendre de risque est le plus grand des risques, car cela vous prive du formidable pouvoir de peser sur les événements de votre vie. Adoptez un comportement optimiste autrement plus porteur ! Face aux crises, agissez !

Face aux événements, et encore plus s'ils sont particulièrement défavorables, décidez d'agir, pour peser sur eux. En effet, il y a toujours quelque chose à faire pour réduire les effets indésirables d'une situation et avancer vers ce qui vous tient à cœur. Peu importe comment vous le faites, l'important est de le faire.

Ne craignez pas d'avancer, même doucement. Craignez seulement d'être immobile. L'important, dans l'action, n'est pas de toujours viser juste, mais d'enclencher un mouvement, une dynamique positive, créatrice de solutions et d'avancées.

Quoi qu'il arrive vous connaîtrez une immense satisfaction, vous serez fier de vous et aurez, en plus, la conscience tranquille :

- Vous réussissez, chapeau !
- Vous ratez le coche, au moins avez-vous tenté quelque chose, re-chapeau !

Dans les deux cas, il n'y a qu'un gagnant : vous.

L'optimiste raisonne solution : C'est la crise ? Bougez-vous. Elle est passée ? Comme les trains, une crise peut en cacher une autre, alors... bougez-vous quand même !

« J'AI TOUJOURS PEUR DE QUELQUE CHOSE »

LE SCÉNARIO HABITUEL

Un soir, en rentrant du travail, Romain raconte sa journée à sa femme, Julie. Quelle journée… « J'étais en rendez-vous avec un client, quand mon téléphone portable a vibré. On discute puis, deux minutes après, il vibre à nouveau… »

— C'était qui ?

— Aucune idée ! Je ne pouvais pas prendre l'appel devant le client ni sortir le téléphone de ma veste pour voir qui m'appelait. Là-dessus, on poursuit la discussion et, deux minutes après, rebelote… troisième appel !

— Et alors ?

— Du coup, je me suis demandé qui cela pouvait être. Et j'ai commencé à sérieusement gamberger par peur d'une mauvaise nouvelle, d'autant que ma mère avait son opération de la hanche aujourd'hui, que mon boss devait annoncer sa décision à ceux qu'il ne retient pas pour le poste de chef de région... Bref, j'ai imaginé tous les soucis possibles.

— Et ton client ?

— J'étais tellement inquiet, j'imaginais tellement le pire me faisant scénario-catastrophe sur scénario-catastrophe, que je n'avais pas l'esprit à la négo. J'ai zappé des questions que mon client me posait et il a dû les répéter plusieurs fois. Le pire, c'est que j'ai été moins percutant ! J'ai laissé passer des trucs qui ne passent pas d'habitude.

— Vous avez conclu ?

— Non, je n'ai pas bien géré la négociation. Je m'en veux.

— Mais alors, qui t'avait appelé trois fois de suite ?

— Tu ne vas pas le croire : un livreur ! Son camion était en panne et mon fauteuil ergonomique sera livré avec un jour de retard. C'est pour ça qu'il cherchait à me joindre avec tellement d'insistance... Bref, tout ça pour ça !

Que retenir de cette histoire ? Il aura suffi de trois appels en deux minutes pour que Romain imagine que l'on allait lui annoncer une mauvaise nouvelle et pour que ses pensées négatives s'emballent. Ce qu'il n'a pas dit à sa femme, c'est tout le détail de cet emballement dans son esprit : *Trois appels en deux minutes ? C'est forcément une mauvaise nouvelle. Le boss me refuse le poste de directeur de région, donc je vais stagner dans la boîte, donc je n'aurai pas d'augmentation pendant deux ans, donc je vais avoir des problèmes financiers à l'arrivée du troisième enfant, donc il faudra couper dans les vacances, donc Julie ne pourra pas se reposer avant l'accouchement, donc le bébé va en souffrir donc… quelle galère ! Et comme j'ai sombré face au client, le boss va être furieux, donc il va me mettre au placard pour quatre ans, donc j'aurai encore plus de soucis financiers, donc il faut dès maintenant couper dans les vacances, donc Julie sera encore plus fatiguée, donc le bébé souffrira encore plus, donc ce n'est plus une galère, c'est le naufrage de Trafalgar !*

Vous aussi, vos pensées s'emballent et vous imaginez le pire dès qu'un événement vous met mal à l'aise ? Vous êtes le champion pour écrire les pires scénarios-catastrophes ?

Le réflexe pessimiste : « J'ai toujours peur de quelque chose. »

Par « événement », entendons le mot au sens de situation qui déclenche chez vous des émotions et surtout des peurs. Cela peut aussi bien être des appels téléphoniques, des courriers, des convocations, des comptes rendus, des annonces d'un résultat, des documents juridiques et financiers, que des soirées, réunions, voyages, spectacles, etc.

La crainte d'un événement occasionne des peurs en cascade incontrôlables et des pensées négatives.

Non contrôlées, elles vous pilotent et influencent votre comportement. D'abord vous imaginez un tas de choses désagréables, puis vos pensées vous emmènent ailleurs. Par conséquent :

- Vous ne vivez plus l'instant présent.
- Le pessimisme vous envahit et se renforce au fur et à mesure que vos pensées lui donnent du grain à moudre.

Vos pensées s'emballent et prennent le contrôle de 4 façons, liées les unes aux autres :

- Le pessimiste se « tourne un film » fondé sur rien.
- Il y ajoute une suite négative.
- Bien qu'imaginaire ce scénario impacte directement sa réalité du moment.
- Et même celle du futur.

Hélas, ces pensées pénalisent directement votre quotidien, car vous n'êtes plus en phase avec la réalité et le moment présent. Du coup, votre esprit s'emballe de nouveau, créant un nouvel accès de pessimisme qui se renforce au fur et à mesure que votre esprit « écrit » la suite du scénario.

Pourtant ce pessimisme se développe lui-même à partir de... rien. Or, ce n'est pas **l'événement lui-même qui vous affecte, mais seulement ce que vous en pensez.**

À retenir : Le moindre événement peut engendrer chez le pessimiste des pensées impactant directement sa vie présente et future car il en reste à sa perception de l'événement plus qu'à l'événement lui-même.

La solution optimiste : « Je distingue l'événement de ce que je pense de l'événement. »

En ne confondant pas l'événement et ce que vous en pensez, vous installez un réflexe optimiste d'une extraordinaire portée. En effet, la distinction permet de s'éloigner des projections intellectuelles qui déforment la situation et produisent des effets négatifs sur le moral.

Pour cela : **considérez les faits objectivement, sans perception négative ou positive des événements.** Cette attitude optimiste permet :

- de ne plus angoisser pour rien ;
- de cesser toute construction intellectuelle négative ne reposant sur aucun fondement.

Séparez donc l'événement de ce que vous pensez de l'événement. Vous serez ainsi plus serein et plus optimiste. Bien plus qu'une méthode, il s'agit d'une philosophie de vie.

À retenir : Pourquoi les événements vous seraient-ils forcément défavorables ?

Si donc vous n'avez pas encore réussi à séparer l'événement de ce que vous en pensez (cela demande de l'entraînement) alors, au moins, soyez attentif à la manière dont vous recevez les événements, soignez votre perception des choses.

Votre interprétation d'un événement est capitale puisqu'elle détermine la qualité de vos pensées, de votre comportement et de votre bien-être.

Or ladite perception est le fruit de votre vécu. Et il n'y a pas deux personnes ayant exactement le même ressenti d'un événement. Il n'y a pas non plus de vérité ou de bonne réponse sur le sujet. Vous pouvez néanmoins améliorer votre perception des choses en regardant les faits, rien que les faits. Cette approche, objective, permet de séparer l'événement des pensées qu'il génère en vous.

Vous avez peur de tout ? Intégrez cette réalité qui nous vient du fond des âges et retenez ceci : **l'événement ne vous affecte pas, ce que vous en pensez, si.** Construisez votre optimisme, la qualité de vos pensées s'améliorera et vos peurs diminueront. Et si elles sont omniprésentes, alors demandez-vous : face à tel événement, qu'est-ce que je ferais si je n'avais pas peur ? Répondez et… faites-le !

SOLUTION

LA SOLUTION CLÉ EN MAIN

~~**« J'ai toujours peur de quelque chose. »**~~

« Je distingue l'événement de ce que je pense de l'événement. »

JE PASSE À L'ACTION !

Vous avez installé ce réflexe optimiste dans votre tête, agissez maintenant sur le terrain, c'est-à-dire au quotidien. Choisissez une situation réelle. Par exemple : « J'ai reçu une convocation de mon patron pour dans trois semaines. C'est un fait. J'en prends acte sans me tourner de film et je verrai ce qu'il en est précisément le jour J. » Et dès que vous avez honoré votre engagement, rendez-vous page 265 pour cocher la case correspondante et apprécier vos progrès !

« J'ABSORBE L'INFO COMME UNE ÉPONGE ET ÇA NE VA PAS CHANGER DEMAIN »

LE SCÉNARIO HABITUEL

À quoi ressemble la journée type de toute personne consommatrice d'infos ? À quelque chose comme ça :

— Bonjour, voici les infos du jour. Météo : canicule sur le pays, 27 degrés. Comment vous prémunir de cette chaleur étouffante ? Politique : sondage, 70 % des Français rejettent le discours politique. Les observateurs cherchent à comprendre pourquoi. Conscients de l'enjeu, les députés décident d'éclairer la population, le doyen de l'Assemblée nationale leur soumet son projet. Jugé regrettable par les ex-futurs-centristes, ledit projet est approuvé sans réserve par les futurs-ex-centristes, tandis que les gaucho-écolo-droito-ex-hollandistes, ralliés à la moitié du quart de l'ancien groupe gaucho-droito-écolo-ex-sarkozystes le critiquent, alors qu'intervient le groupe de ceux qui n'ont pas de groupe qui soutient le projet sans le soutenir, tout en le soutenant un peu quand même. Là-dessus, le doyen rappelle qu'il faudrait vite se mettre d'accord avant qu'il ne mange les pissenlits par la racine. Pour une fois tout le monde est d'accord. En conclusion, les députés se félicitent de la nouvelle image, claire, transparente et engageante, ainsi transmise à l'opinion !

Puis les informations s'enchaînent, s'empilent même, « sans transition » comme disent les journalistes :

— Par 45 degrés à l'ombre, la famine ravage le Burkina Faso. Bientôt les vacances, comment perdre vos 12 grammes superflus ? Kaboul, une explosion fait 98 morts. Football : le PSG bat Dijon, 54 à 0.

Puis vient le sujet Société… un classique le sujet Société… que du bonheur et de la joie de vivre : tueurs en série, manifestations violentes, faits divers « trash », maltraitance des anciens, des jeunes, des très anciens, des très jeunes, recrudescence des maladies, invasion des moustiques, malbouffe, piratages divers, etc., la routine quoi… à la fois stimulante et positive. Ah si, tout de même, il y a fréquemment – deux fois par an ! – une agréable et réjouissante nouvelle. Cette fois, le présentateur du journal prend un air attendri :

— Cela va réjouir les petits et les grands… c'est un garçon… il pèse à peine 143 grammes… eh oui, pour la première fois en France, un panda vient de naître au zoo de Lavbeau, regardez ces images, il est mignon, hein ? Sur ce, mesdames, messieurs… bonne soirée !

C'est indéniable, l'information est accessible, en grand nombre, partout et tout le temps. Vous êtes donc confronté à beaucoup de mauvaises nouvelles par nature anxiogènes. Si vous ressentez des angoisses et un véritable mal-être, c'est qu'il est temps d'agir.

Le réflexe pessimiste : « J'absorbe l'info comme une éponge et ça ne va pas changer demain. »

S'en prendre aux médias

Face aux actualités déprimantes, votre réflexe pessimiste le plus courant et le plus facile consiste à accuser les médias de déverser et de commenter en continu des quantités de dépêches venues du monde entier, et d'alimenter l'anxiété générale. Vous dénigrez les journalistes, les commentateurs, le contenu même de l'info, les rendant responsables de tous les maux, de votre comportement et de votre addiction à l'info…

Or, regardons les choses objectivement : les médias « font le job » comme vous faites le vôtre. **Leur rôle est de vous intéresser, de vous capter même, par une info à disposition permanente où que vous soyez.** Et peu importe pourquoi les sujets brûlants passionnent plus les foules que les non-sujets, type TGV qui arrivent à l'heure, le fait est : les journalistes ne font que leur métier !

À retenir : N'est-ce pas un joli paradoxe que de voir ceux qui consomment le plus l'information taper sur les médias et les journalistes sans retenue ?

Être addict aux infos

L'information peut aussi bien être éphémère, chassée par celle qui la suit, qu'être répétée plusieurs fois dans la journée. Elle peut aussi s'incruster et vous impacter davantage, car si cette info « interpelle » le public, elle sera développée, non plus sur un jour, mais sur plusieurs, sous la forme d'éditions spéciales, d'enquêtes et autres débats. Et en y ajoutant un, deux, dix détails (si possible croustillants) pendant les jours qui suivent. Ainsi se crée un véritable feuilleton. Si vous mordez à l'hameçon, une fois, vous voudrez connaître les épisodes suivants !

Et tout recommence chaque fois que vous consommez de l'info, pour « être au courant de ce qui se passe » et suivez l'actualité de nouvelle en nouvelle, en boucle.

L'information devient alors une véritable addiction, voire une course au « détail supplémentaire ». Et si, en plus, vous l'absorbez comme une éponge, cela a des répercussions négatives sur votre bien-être :

- Elle fait naître du pessimisme.
- Elle vous sape le moral.
- Elle projette une vision négative du monde et de votre environnement.

Résultat : vous ne répandez et commentez que la mauvaise nouvelle. Votre regard est alors faussé, et seul le pessimisme individuel et collectif s'en trouve renforcé, car il évolue ici sur son terrain de jeu favori.

Être sensible au malheur des autres est compréhensible et humain. Mais s'en tenir perpétuellement à ce qui dysfonctionne, aux drames, aux faits divers, aux catastrophes, aux révolutions sanglantes, aux actes ignobles n'aide personne à vivre mieux.

Bref, vous vous sentez otage de l'information. Non seulement parce que vous l'absorbez comme une éponge, mais aussi parce que vous avez l'impression qu'il est impossible de s'en défaire.

La solution optimiste : « J'accorde à l'info une juste place... pas plus. »

Gardez en mémoire cette vérité ultime : vous disposez de votre libre arbitre ! Aucun média ne vient forcer la porte de votre chambre à coucher ni ne vous oblige à le suivre. En quelque sorte, rien n'est imposé tout est proposé et c'est bien vous le maître du jeu.

Le vrai problème n'est donc **pas l'info, mais ce que vous faites de l'info**. D'ailleurs, comment la choisissez-vous et comment la traitez-vous ?

1. Prenez du recul sur ce que vous apporte l'info

Pour se réconcilier avec l'information – et mieux l'apprécier – il est nécessaire de comprendre ce qui vous motive à la suivre aussi frénétiquement, presque maladivement. Prenez du recul, regardez-vous vivre et interrogez-vous :

- Pourquoi attachez-vous autant d'importance à ce flux ininterrompu de nouvelles, à « l'actu » ?
- Quelle limite accordez-vous à votre consommation d'information ?

En « ingurgitant » autant d'information, vous l'absorbez comme un buvard absorbe l'encre, vous avez le sentiment de vivre, d'être dans le coup, de compter, de participer à une cause et de vous intéresser aux autres, tout cela est louable, mais à quel prix ? Car, forcément, il est des sujets qui vous interpellent, vous touchent et peuplent vos pensées, y compris la nuit. Ce peut être formateur, naturellement, mais comptez les infos qui vous font vraiment grandir par rapport à celles qui vous stressent et faites le solde. Pas toujours très bon pour le moral !

À retenir : Pourquoi penser manquer quelque chose et vous sentir exclu du jeu, lorsque vous décrochez trois jours de votre téléviseur ou d'Internet ? Le monde continuera de tourner même si vous lui faussez compagnie de temps en temps et, surtout, il tourne avec vous, vous faites partie du jeu… quoi qu'il arrive !

2. Choisissez vos moments

Et si vous partiez à la reconquête du temps ? Le vôtre. Pour vous et, vos proches. Mesurez-vous combien d'heures vous passez chaque année à recevoir l'info, à la « traiter » dans votre tête et, parfois, à la digérer ? Ce temps considérable ne pourrait-il être mieux employé ?

Si vous souhaitez prendre vos distances avec cette pratique, voici 2 suggestions concrètes avec les bénéfices que vous obtiendrez :

- **Choisissez les moments où vous allez vers l'info.** Au lieu de vous précipiter sur la télévision pour ne rien rater du journal de 20 heures, au lieu de vous jeter comme un mort de faim sur le Net pour vous reconnecter à ce qui a bien pu se passer pendant que vous étiez au bureau ou en randonnée, « Prenez de l'info » une fois le matin ou une fois le soir (vous adapterez le support selon votre mode de vie). Et c'est tout.

Bénéfice : vous reprenez l'initiative et donc la maîtrise du jeu.

- **Coupez vos alertes** sur votre smartphone et votre ordinateur. Un rendez-vous régulier pour faire le point et stop, vous passez à autre chose.

  Bénéfice : vous venez de vous libérer d'un poids excessif tout en vous intéressant davantage à l'information elle-même.

En suivant ces deux principes, **vous obtiendrez plus de temps pour vous et pour les activités qui vous font vibrer** (sport, amour, culture, etc.). Que du bonheur pour vous et ceux qui vous sont chers !

À retenir : Rassurez-vous, si vous manquez quelque chose, il y aura toujours quelqu'un pour vous raconter dans le détail cette info capitale que vous avez zappée. Alors, pourquoi courir après ?

Vous avez choisi la fréquence de votre prise d'info et en avez fait un rendez-vous, félicitations ! Et en mettant en place au quotidien les actions suivantes, vous vous libèrerez de l'information qui pollue vos journées et vos émotions.

3. Filtrez l'info que vous recevez

À présent, sélectionnez les informations que vous recevez :

- Choisissez un canal d'information, voire un second opposé au premier : car, s'ils sont contradictoires cette dualité vous permet de renforcer votre connaissance d'un sujet et d'enrichir le regard que vous portez sur cette actualité. En effet, **2 sources d'information contradictoires sont bien plus efficaces que 8 sources quasi identiques, créatrices de trop-plein et de confusion**.

- Lorsque vous retombez sur une info déjà connue et qu'elle n'a manifestement pas évolué de manière significative, **coupez dès que vous comprenez qu'il n'y a rien de neuf sous le soleil.** À quoi sert-il de revoir pour la 10e fois la même chose, de perdre à nouveau du temps et de vous replonger dans un stress inutile ? Attendez la nouveauté – il y en aura forcément – dans quelques jours. Sinon, tant mieux, tournez la page.

Grâce à cette organisation votre comportement change, votre ressenti et votre satisfaction aussi… l'optimisme pointe le bout de son museau.

4. Filtrez l'info que vous partagez

Chaque fois que possible, vérifiez une information avant de la diffuser. Certes, ce n'est pas toujours simple, mais des données supplémentaires sont à portée de main de ceux qui les cherchent. Et si tel n'est pas le cas, abstenez-vous de juger trop hâtivement une situation décrite de manière pour le moins perfectible. En agissant ainsi :

- Vous ne vous contentez pas de diffuser des infos dont vous ne savez rien au-delà de ce que tout le monde a lu et entendu. Vous gagnez ainsi en crédibilité.

- Vous fondez votre opinion en dépassant ce que tout le monde répète en boucle. Et donnez de la consistance à votre avis.

- Vous évitez d'alimenter le flot des fausses nouvelles, (les trop fameuses *fake news*), des rumeurs et du… pessimisme. Dès lors, vous épargnez à vos contacts des informations et des avis contestables qui ne reposent finalement que sur ce qui se dit et s'entend à droite à gauche.

En résumé : **mieux vaut véhiculer une info et un avis fiables – même discutables – que 12 infos livrées en vrac, sans aucun filtre.**

En procédant ainsi, vous constaterez que le pessimisme ambiant commencera à « tourner de l'œil » sous l'influence d'informations plus fiables, objectives et exploitables. Ce n'est pas un hasard, juste une présentation et une analyse des choses plus conformes à la réalité des faits.

5. Diffusez ce qui marche : c'est aussi de l'info !

Non seulement vous recevez de l'info, mais vous en êtes également le vecteur. En montrant ce qui marche, en relayant une information équilibrée, moins catastrophiste, plus motivante et, surtout, plus conforme à la réalité du monde, vous serez dans une démarche plus optimiste. Il y a tant de progrès et de réussites dans tous les domaines que le plus beau cadeau à faire à vos proches est de leur faire connaître ces nouvelles enthousiasmantes. Car si la vie est souvent rude, injuste, imparfaite… bon sang… rien ne vaut la vie ! Y a-t-il plus belle information à délivrer ?

Bonne nouvelle ! Pour sortir du pessimisme et de l'addiction à l'information, vous disposez à présent de deux puissants soutiens : un nouveau comportement optimiste à installer dans vos habitudes et… vous-même.

SOLUTION

LA SOLUTION CLÉ EN MAIN

☒ **~~« J'absorbe l'info comme une éponge et ça ne va pas changer demain. »~~**

☑ **« J'accorde à l'info une juste place… pas plus. »**

1. Prenez du recul sur ce que vous apporte l'info.

2. Choisissez vos moments.

3. Filtrez l'info que vous recevez.

4. Filtrez l'info que vous partagez.

5. Diffusez ce qui marche : c'est aussi de l'info !

JE PASSE À L'ACTION !

Vous avez installé ce réflexe optimiste dans votre tête, agissez maintenant sur le terrain, au quotidien. Choisissez une situation réelle. Par exemple : « À partir de demain je prends les news une fois le matin et une fois le soir, et profite de ce temps gagné pour me remettre au dernier roman qui attend sur ma table de chevet. » Et dès que vous avez honoré votre engagement, rendez-vous page 265 pour cocher la case correspondante et apprécier vos progrès !

« JE SUIS DÉBORDÉ(E), JAMAIS JE NE TROUVERAI DE TEMPS POUR MOI »

LE SCÉNARIO HABITUEL

Delphine et Aurélie sont sœurs. Elles se ressemblent beaucoup et partagent de nombreux points communs. À un détail près : Delphine semble tout le temps débordée, à l'inverse d'Aurélie.

Il n'y a pas une journée sans que Delphine ne prononce les mots : « Vite, j'suis pressée. Quoi ? Pas le temps. Désolée, je suis déjà en retard. Maintenant ? Impossible, je dois y aller… »

Alors qu'un jour Delphine prononce son énième « Je suis encore débordée, je n'arriverai jamais à trouver du temps pour moi », Aurélie lui demande pourquoi elle est tellement débordée. Delphine la regarde, stupéfaite, et se demande d'où sa sœur débarque. Pour elle la réponse est évidente :

— C'est tout simple, je suis débordée… parce que je suis débordée, voilà…

— C'est-à-dire ?

— Entre le temps de transport pour aller au travail, les obligations pro et perso… je ne m'en sors pas ! Pourtant, j'essaie de m'organiser et de faire comme toi !

Pour Delphine, sa sœur est à l'opposé d'elle tant elle semble maîtriser le temps. D'ailleurs, elle prononce peu le fameux « J'ai pas le temps ». Alors, Delphine lui demande sa méthode pour gérer ses journées :

— Comment fais-tu pour t'organiser ?

— Je fais ma *to-do list*.

— C'est-à-dire ?

— Eh bien, je note tout ce que je dois faire dans la journée.

— Ah bon, et pour la semaine aussi ?

— Oui, d'ailleurs j'ai amélioré le système, maintenant je fais aussi une liste pour la semaine.

— D'accord. Et avec ce système, tu n'es plus en retard ? Tu fais dans les temps ce qui est inscrit sur tes listes, c'est ça ?

— Behhhh... non, pas vraiment, parce qu'il y a toujours quelque chose qu'on n'a pas le temps de faire, sans compter les imprévus... C'est vrai que je suis toujours un peu débordée. Mais au moins j'évite d'oublier tout ce que je dois faire, voilà.

— OK, je comprends.

La conversation pourrait s'arrêter là. Mais, à la réflexion, la méthode d'Aurélie révèle que ses *to-do lists* lui servent plus d'aide-mémoire que d'outil pour gagner du temps.

Delphine, toujours à la recherche de méthode pour grappiller quelques précieuses minutes, lui demande quand même :

— Mais alors, comment fais-tu lorsque tu n'as pu accomplir une tâche prévue dans la journée ?

— Très simple, je la repousse au lendemain.

— Et pour la semaine ?

— Pareil.

— OK, alors finalement, tu as gagné du temps avec cette méthode ?

— Franchement, non, ou alors un mini chouia. C'est d'ailleurs mon problème. Je n'arrive pas à trouver de temps pour moi. Ça me stresse et me chagrine…

En réalité, ces listes sont des voleurs de temps et d'efficacité. Et, bien qu'organisées différemment, Delphine et Aurélie partagent le même problème : elles sont débordées et n'arrivent pas à trouver de moments pour elles...

Le réflexe pessimiste : « Je suis débordé(e), jamais je ne trouverai de temps pour moi. »

Il va de soi que faire des listes de choses ou d'actions à accomplir est nécessaire pour bien organiser ses journées, mais trop de *to-do lists* tue la *to-do list*. Sans compter que si elles sont mal faites, elles deviennent encore plus inefficaces et sources de stress

Quand vous faites des listes, vous prenez le risque de :

Perdre du temps

Comment ? En inscrivant sur vos listes toutes les tâches à faire pour le lendemain, voire pour la semaine ou le mois. Puis en reportant celles que vous n'avez pas pu effectuer le jour même, par exemple du lundi au mardi. Enfin, en reconduisant ce système de jour en jour.

Tout ceci est chronophage. Par conséquent, comment pouvez-vous espérer gagner du temps pour vous puisque, dès le début, vous commencez par en perdre… beaucoup? Réalisez-vous le nombre d'heures gaspillées en une année à organiser des choses que vous reportez et ne faites pas ?! Mesurez-vous combien cet excès d'organisation pénalise votre plaisir de vivre ?

Mal gérer ses listes

Certes, les *to-do lists* permettent de répertorier les choses à faire, mais elles manquent également d'efficacité car :

- **Beaucoup de *to-do lists* sont répétitives**. Pourquoi perdre du temps à répertorier des tâches « inoubliables » ancrées dans votre quotidien (se déplacer, aller chercher les enfants à l'école, faire les courses, etc.) ? Votre temps est précieux !

- **Vos multiples alarmes ou pop-up vous déconcentrent** lorsque vous êtes en pleine action vous invitant à passer à autre chose même quand cela n'est pas pertinent. Au lieu de vous simplifier la vie et de vous faire gagner du temps, vous perdez votre concentration et donc votre efficacité au travail, par exemple.

Vous pensiez gagner du temps et de l'efficacité ? C'est perdu ! Et que récoltez-vous ? Du stress supplémentaire, notamment quand vous réalisez, jour après jour, que vous ne suivez pas le tableau de marche prévu sur les listes, donc que vous êtes… débordé et que cela ne finira jamais.

La majorité des gens courent après le temps. Il serait plus efficace de l'économiser et de le consacrer à votre action sur le terrain, en adoptant une méthode qui a fait ses preuves.

La solution optimiste : « Chaque jour, je fais un pas de plus vers ce qui me tient à cœur. »

1. Allégez vos listes

Si vous ne pouvez pas vous passer des *to-do lists*, limitez-les au strict nécessaire. N'en faites pas 10, mais une ou deux seulement. Et dans chacune, éliminez « l'excédent de bagage ». Rien ne sert de noter 20 tâches à accomplir le lundi dont 10 ne seront pas effectuées… vous obligeant à consommer du temps pour les reporter au mardi… et ainsi de suite jusqu'à la fin de la semaine. En d'autres termes, le temps perdu à noter tout ce qu'il y a à faire vous empêche de faire ce qu'il y a à faire ! Un comble ! En adoptant cette méthode, vous évitez l'effet boule de neige et vous accomplissez bien chaque jour les tâches à accomplir. Vous retrouvez un peu de liberté et d'envie.

2. Identifiez l'essentiel

Bien sûr, vous avez 1 000 choses à faire. Mais pour atteindre quoi ? Au fond, après quoi courez-vous ? Prenez le temps d'y réfléchir et pour cela, commencez par définir votre objectif personnel et professionnel, celui ou ceux pour lesquels vous vivez vraiment, **vos deux absolues priorités**. Quelque chose de concret, que vous visualisez et datez dans le temps (dans un délai raisonnable), et auquel vous tenez autant qu'à la prunelle de vos yeux. Je veux être riche, beau et en bonne santé n'est pas un objectif. Je veux me marier avant le 31 juillet avec Mélanie ou Christopher en est un. Mon objectif est d'entrer mon 400e client en portefeuille d'ici au 31 décembre en est un autre.

Bien sûr chaque objectif comporte lui-même des objectifs intermédiaires, mais restez à l'essentiel.

À retenir : Allégez vos interminables *to-do lists* et définissez les deux objectifs les plus importants pour vous.

Pour avancer plus efficacement vers ce qui compte pour vous, suivez les 3 règles suivantes.

Règle n°1 : Un pas de plus

Chaque jour, accomplissez impérativement UNE action vous faisant faire un pas de plus vers l'objectif essentiel que vous vous êtes fixé. L'idée est de rester continuellement en mouvement, et que pas un jour ne se passe sans que votre objectif ne se rapproche de vous (et *vice versa*).

Cette tâche peut prendre 30 minutes, 1 ou 12 heures, peu importe, vous avancez vers le plus important à vos yeux, quoi qu'il arrive, votre journée est gagnante.

Naturellement, si vous avez rempli cette tâche et qu'il vous reste du temps, enchaînez par une seconde, ne vous privez pas.

Règle n°2 : Aujourd'hui, sans faute

Outre votre action « de base », qui vous emmène à l'objectif, notez sur votre *to-do list* allégée 2 tâches incontournables « à faire absolument aujourd'hui ».

Souvent, elles sont liées à des dates à respecter (paiement d'impôts, remises de documents, disponibilité d'un client, date limite d'inscription, réservation de billet, etc.).

Sauf si le ciel vous tombe sur la tête ces deux tâches doivent être accomplies.

Règle n°3 : Le reste

En appliquant les règles une et deux, vous pouvez être fier de vous, car vous avancez sur l'essentiel. Tout n'est pas fait ? Non, tout n'est pas fait. Mais l'essentiel est fait. Qu'est-ce qui compte plus que l'essentiel ?

Et le reste ? Le reste, ce sont toutes les tâches à accomplir sans caractère d'importance ou d'urgence, vous les ferez quand vous les ferez. Quand cinq minutes se libèrent, dans les transports en commun, dans une file d'attente ou à un autre moment. Inutile de vous en encombrer, n'inscrivez rien, plus votre *to-do list* est cantonnée à l'essentiel, mieux vous la suivez.

À retenir : Faites bien la différence entre « être débordé » et « être productif ». Ces deux notions n'ont souvent pas grand-chose à voir. D'ailleurs, être débordé signifie perdre le contrôle des choses et du temps.

La méthode optimiste vous permettra de gagner du temps et d'en trouver pour vous. À vous de l'adapter selon vos propres objectifs et spécificités, le point décisif étant de toujours favoriser votre avancée vers ce qui est pour vous le plus important. Et qui vous tient tellement à cœur.

SOLUTION

LA SOLUTION CLÉ EN MAIN

~~« Je suis débordé(e), jamais je ne trouverai de temps pour moi. »~~

« Chaque jour, je fais un pas de plus vers ce qui me tient à cœur. »

1. Allégez vos listes.

2. Identifiez l'essentiel.

JE PASSE À L'ACTION !

Vous avez installé ce réflexe optimiste dans votre tête, agissez maintenant sur le terrain, au quotidien. Choisissez une situation réelle. Par exemple : « Ma santé est primordiale, chaque jour je cours 1 km. Je veux ressouder l'équipe, chaque matin on se réunit cinq minutes. » Et dès que vous avez honoré votre engagement, rendez-vous page 265 pour cocher la case correspondante et apprécier vos progrès !

24 5 MINUTES D'OPTIMISME CONCRET ! JE RAISONNE SOLUTION

« J'AI RAISON, C'EST TOUT ! »

C'est aujourd'hui le grand jour. Depuis des semaines, vous choyez votre dossier et avez bâti une argumentation solide. Votre motivation est au top pour cette négociation qui s'ouvre.

Arrive votre contradicteur, enfin… la personne avec qui vous allez négocier. Chacun campe dans son monde, prêt à dégainer ses arguments. Pas de problème, vous avez pensé à tout, clairement, vous avez raison de A à Z.

Calmement et brillamment, vous enchaînez point par point. On ne voit pas comment votre interlocuteur va pouvoir résister à tant de prestance et de justesse d'analyse. « En face », il ne peut faire autrement que de valider tant vous êtes carré, clair, précis, convaincant. Pour conclure, vous évoquez le 10e et dernier point et affûtez votre stylo pour signer l'accord trouvé, quand… surprise, votre interlocuteur exprime son désaccord. Qu'à cela ne tienne, vous lui réexpliquez calmement la teneur du point 10 et lui montrez qu'il ne change rien sur le fond.

Oui… oui mais non… car votre interlocuteur n'est toujours pas d'accord, il dit que son point de vue n'est pas pris en compte et qu'il devrait l'être. *Allons, allons, pensez-vous, maintenant qu'on a tout déroulé et tout validé, ce n'est pas un point secondaire qui va faire achopper la discussion*. Vous détaillez à nouveau votre argumentation. Les choses doivent être faites comme vous le dites puisque vous avez raison sur le fond, ce dont tout le monde convient.

— Pourquoi ne pas nous concéder ce point s'il est secondaire ?

— Parce que c'est une simple question de forme qui ne change pas une virgule sur le fond.

— La forme est importante pour nous, fait valoir votre interlocuteur.

L'échange se poursuit et il ne craque pas. Vous commencez à voir rouge, comment peut-on passer plus d'une minute sur un détail. Fermement, vous le lui dites :

— Notre accord est bon, votre préoccupation est sans effet sur le fond du dossier, donc, que dites-vous de le signer maintenant ?

Votre interlocuteur écoute, puis se lève, ses partenaires aussi :

— Vous avez raison, le fond du dossier est bon et vous m'avez convaincu sur les 9 points. Reste le 10e qui ne vous intéresse pas. Il est secondaire pour vous et décisif pour moi. Et si vous me l'aviez demandé, je vous aurais dit qu'il nous permet de… vous payer. Sans lui, rien n'est possible. Dommage, nous aurions pu conclure un bon accord. Mais ce n'est pas grave puisque vous avez raison, n'est-ce pas ? Eh bien, vous aurez raison sans nous. Bonne journée.

Puis ils s'en vont…

Considérer une négociation comme une bataille que vous devez remporter sur l'autre peut compromettre votre objectif. Il ne s'agit pas non plus d'une démonstration dont l'issue est d'avoir gain de cause. Sinon les difficultés émergeront. En effet, votre interlocuteur peut avoir l'impression :

- d'être le perdant ;
- de ne pas être écouté.

L'optimiste raisonne solution : « Je cherche à comprendre le point de vue de l'autre. »

Une négociation est gagnante lorsque toutes les parties prenantes y trouvent des motifs de satisfaction. Pour bien la mener, cherchez toujours à comprendre le point de vue de l'autre, appliquez ces 3 règles incontournables :

- Pensez à l'autre avant de penser à vous.
- Cherchez à comprendre son point de vue.
- Identifiez ce que veut vraiment votre interlocuteur.

En somme, pourquoi raisonne-t-il comme il le fait ? Quels sont les éléments objectifs qui font qu'il réfléchit ainsi ? Quelles limites se fixe-t-il ? Qu'est-ce qui se cache derrière ce qu'il dit, etc. ?

Vous pouvez avoir raison, c'est entendu, mais cette certitude ne doit pas vous aveugler et vous faire oublier que vous ne négociez pas tout seul. Et, lors de vos prochaines négociations, rappelez-vous ceci : *l'homme ordinaire négocie pour lui ; l'homme sage négocie pour toutes les parties.*

Enfin, favoriser les accords est toujours préférable quel que soit le domaine de votre vie.

À VOUS D'ÉCRIRE LA SUITE...

Ce dernier chapitre est la genèse des précédents.

À partir de maintenant, vous prenez la main et avez l'immense pouvoir d'influencer positivement votre existence. Dans toutes les situations, invitez l'optimisme à votre table, jamais vous ne le regretterez. Après avoir lu ces quelques lignes de conclusion, ce sera à vous d'écrire la suite de votre histoire personnelle.

AU FOND, L'OPTIMISME, À QUOI ÇA SERT ?

- À mieux vivre.
- À sortir par le haut des difficultés, y compris les pires.
- À donner du sens à votre existence.
- À rendre les autres plus enthousiastes.

En réalité, l'optimisme n'est pas « la » recette du bonheur, c'est beaucoup plus que cela. C'est une valeur. Une valeur qui a du prix. Une valeur fondamentale, regorgeant de pépites à transmettre à vos enfants, vos amis, vos collègues et collaborateurs, à tous ceux qui vous entourent.

COMMENT NAÎT L'OPTIMISME ?

Il n'y a pas de règle absolue, chacun a son parcours, vit et parle de l'optimisme comme bon lui semble. Bien sûr, il prend un relief particulier lorsque l'adversité vous visite, parfois tellement durement que l'on se demande comment il est possible d'y résister.

Mon ami Philippe Croizon a sublimé son optimisme au lendemain d'un terrible accident de la vie. Pourquoi cet événement est-il tombé sur lui ? Comment en vit-il les conséquences ? Ces questions semblent sans réponse, mais pas pour lui. Il vit... et de manière magnifiquement optimiste.

Mon premier livre, *Craquer ou pas ? L'incroyable histoire vraie qui améliore la vôtre*, décrit comment le pessimisme a failli m'emporter à force de lutter contre une incroyable adversité, sans répit pendant vingt-cinq ans.

Tous – même mes proches – m'ont dit 100 fois : « C'est impossible, tu ne peux pas y arriver, tout cela est trop lourd à porter, tu vas t'épuiser dans des situations sans espoir », etc. Le pessimisme pur et dur. À leur décharge, toutes les raisons d'être pessimiste s'étaient donné rendez-vous ! **C'est l'optimisme qui m'a sauvé. Un optimisme construit, sans rapport avec l'image simpliste** (« Bah... ils sont gentils... ce sont des optimistes... ») véhiculée par ceux qui ignorent la profondeur et l'apport véritable de cette philosophie de vie.

Croyez-moi, lorsque les événements s'enchaînent et vous harcèlent sans discontinuer, quand ils vous poussent bien plus loin que vous ne pensiez être capable d'aller, il faut beaucoup plus que de gentils principes pour s'en sortir.

En ce sens, l'adversité est un fantastique levier tant elle vous renforce à un point que vous ne soupçonnez pas, dès lors que vous marchez la tête haute et ne pliez pas sous le poids du stress et des soucis. Dès lors, aussi, que votre détermination est sans faille.

Peu à peu, vous emmagasinez les bons réflexes, vous les testez et les perfectionnez, vous ne raisonnez plus seulement problème, mais aussi solution, bref, les composants de votre optimisme opérationnel se mettent en place. Alors, les choses prennent une coloration différente : soit vous avez vaincu l'adversité, soit vous lui opposez une résistance positive, constructive, si forte que c'est elle, finalement, qui perd de sa superbe et s'affaiblit.

Certes, vous y laissez des plumes, parfois, beaucoup de plumes, et je ne connais personne qui ait gagné tous ses combats face aux épreuves ou qui en soit sorti sans blessures ni dommages collatéraux. Il y en a forcément.

Mais bien qu'ainsi déplumé, vos capacités, elles, sont multipliées par dix. Mobilisant vos ressources les plus profondes, vous emmagasinez une telle force et agissez avec un tel souffle que, finalement, vous gagnez l'ingagnable. À tout le moins, sortez par le haut des aléas de votre existence. Ainsi se justifie la citation de Nietzsche (un peu bateau à force d'être utilisée à tout bout de champ) : « Ce qui ne me tue pas me rend plus fort. » Je confirme.

Voilà comment j'ai rencontré l'optimisme et comment j'ai pu ajouter, jour après jour, de nouvelles approches positives et de nouvelles solutions à ma « boîte à outils de l'optimisme opérationnel ». Vous aussi, gagnez à le rencontrer.

Bien évidemment, vous n'êtes pas obligé de faire face à d'incommensurables épreuves pour vivre en optimiste et diffuser cette conduite de vie autour de vous. **Être positif, constructif et j'insiste, réaliste, vous aidera toujours et dans toutes les situations de votre existence.**

Qui peut le plus peut le moins, je suis donc heureux que ce livre vous aide à mieux vivre, **voire même à changer de vie… sans changer de vie** !

UN MESSAGE OPTIMISTE AUX PESSIMISTES

Ne vous tracassez pas (spécialité maison) je vous respecte profondément et ne vous en veux pas ! Pourquoi ? **Parce que j'étais comme vous** !

Tellement pessimiste que, dès mon plus jeune âge, je me voyais tout rater et me faisais un sang d'encre au sujet des études, de l'avenir, de ma vie personnelle, cela n'arrêtait jamais jusqu'à… Jusqu'à ce que la vie m'enseigne que l'on est plus fort qu'on le croit, que notre adversaire principal n'est nulle part ailleurs que dans notre tête, que l'on peut apprendre les bons comportements et que, finalement, l'optimisme se construit. Étape par étape. Grâce à cela, j'ai appris à savourer la vie et je vous invite à faire de même.

Amis pessimistes – mais comment pourriez-vous l'être encore après avoir lu ce livre... – goûtez au plat de l'optimisme, il est si savoureux.

QUEL PRINCIPE ESSENTIEL APPLIQUER QUAND ON EST OPTIMISTE ?

Plus qu'un principe, ceci est un secret : « Face aux aléas de la vie, rien ni personne ne peut vous empêcher de donner le meilleur de vous-même. » Ce secret est si fondamental à mes yeux qu'il est la 25e solution optimiste de ce livre, la synthèse des 24 autres.

D'ailleurs, c'est amusant, lorsque je l'aborde en conférence dans les entreprises ou devant des auditoires de particuliers, que l'on parle management ou développement de la personne, la réaction est exactement la même : « C'est vrai, mais parfois la vie ne nous donne pas ce que l'on souhaite et c'est décourageant. » J'en suis bien d'accord !

Mais si vous n'êtes pas responsable de ce que la vie vous donne, en revanche, vous êtes responsable de ce que vous, vous donnez à la vie. Cela fait toute la différence. Et là, chacun comprend le message et en mesure toute la portée.

COMMENT RENDRE LES ENFANTS OPTIMISTES ?

Montrez-leur la voie ! S'ils reviennent de l'école avec 5 en maths, 14 en français et 16 en sport, ne leur tombez pas dessus en commençant à râler et à leur dire qu'ils sont nuls comme leur père (ou leur mère).

Louez d'abord ce qu'ils font de bien, félicitez-les pour ces 2 beaux résultats, ce 14 et ce 16, donnez-leur confiance et envie d'avancer. Ensuite ils pourront s'atteler à comprendre ce qui a cloché en maths. Et à retravailler ce qui doit l'être pour progresser. **Montrez-leur par vos attitudes combien vous savez réagir aux événements de la vie en conservant le moral et l'envie de peser sur les choses.** Et, plus que tout, montrez-leur que vous savez regarder et apprécier les bons côtés de l'existence et tout ce qui va bien !

D'ailleurs, faites-en un principe : l'optimiste regarde d'abord ce qui va bien (le 14 en français et le 16 en sport), et s'appuie dessus pour corriger ce qui va moins bien (le 5 en maths). Si vous faites cela, ils partent dans la vie bien équipés...

ET QUAND VOUS NE SAVEZ PLUS QUEL CHEMIN SUIVRE...

Gardez en mémoire que votre séjour sur cette Terre est temporaire. La vie est un grand théâtre, vous y jouez un rôle, cela durera, dans le meilleur des cas, une centaine d'années. Or le fait ultime est que, comme tout le monde, vous quitterez un jour cette vie. Peut-être en trouverez-vous une autre – question de croyances – quoi qu'il en soit vous passerez à autre chose.

En comparaison de cela, que valent nos tourments, nos conflits, nos intérêts, nos projets d'aujourd'hui ? Quelle est leur importance réelle ? Les négliger serait inapproprié (cent ans c'est long !) et nous avons à faire ici-bas.

Mais pour autant, qu'est-ce qui est si important que cela ? Rien, au fond. Si ce n'est d'être optimiste le temps que vous passez sur la planète bleue... et sur votre chemin personnel. Vous vivrez mieux et vos proches aussi. Que du bonheur ! Je vous souhaite le meilleur…

Le réflexe optimiste à installer : Face aux aléas de la vie, rien ni personne ne peut m'empêcher de donner le meilleur de moi-même. EN AVANT !

MES RÉSULTATS

**Vous avez acquis un nouveau réflexe optimiste ? Félicitations !
Découpez ce feuillet, placez-le à l'endroit où vous le verrez le plus.
À chaque nouveau succès, cochez la case correspondante
et mesurez vos progrès sur le chemin de l'optimisme !**

- ☐ Par principe, j'arrive à bon port !
- ☐ Pour éviter « lundigestion » je crée du neuf !
- ☐ Je fais ami-ami avec mon banquier.
- ☐ J'ai pensé que ce cadeau te ferait plaisir.
- ☐ Je prends ce que la vie me donne !
- ☐ Mon CV est mon allié, je le bichonne.
- ☐ Dans chaque situation, je trouve un point positif et rebondis grâce à lui.
- ☐ Je remplace « Attention ! » par « Regarde… »
- ☐ Dans n'importe quelle situation, je pense (intelligemment) positif.
- ☐ Je réponds à la question « La solution du problème dépend-elle de moi ? »
- ☐ J'aide mes enfants à bâtir leur confiance en l'avenir.
- ☐ Je regarde qui me dissuade et pourquoi il le fait.

☐ J'apprécie quand ça marche, et ça marche 99 fois sur 100 !

☐ Je ne donne pas de conseils à mes collègues pessimistes, je leur montre des exemples.

☐ Derrière la malchance, je repère de nouvelles chances.

☐ Je ne donne pas de poisson à mes enfants, je leur apprends à pêcher.

☐ Je prépare activement mon augmentation et vais la décrocher cette augmentation !

☐ Dire « non » ? Je dis « oui » !

☐ Le bonheur c'est maintenant. J'apprécie ce que j'ai et ce que je peux faire avec.

☐ Face aux crises et aux événements, j'agis !

☐ Je distingue l'événement de ce que je pense de l'événement.

☐ J'accorde à l'info une juste place… pas plus.

☐ Chaque jour, je fais un pas de plus vers ce qui me tient à cœur.

☐ Je cherche à comprendre le point de vue de l'autre.

☐ Face aux aléas de la vie, rien ni personne ne peut m'empêcher de donner le meilleur de moi-même. EN AVANT !

MON NIVEAU

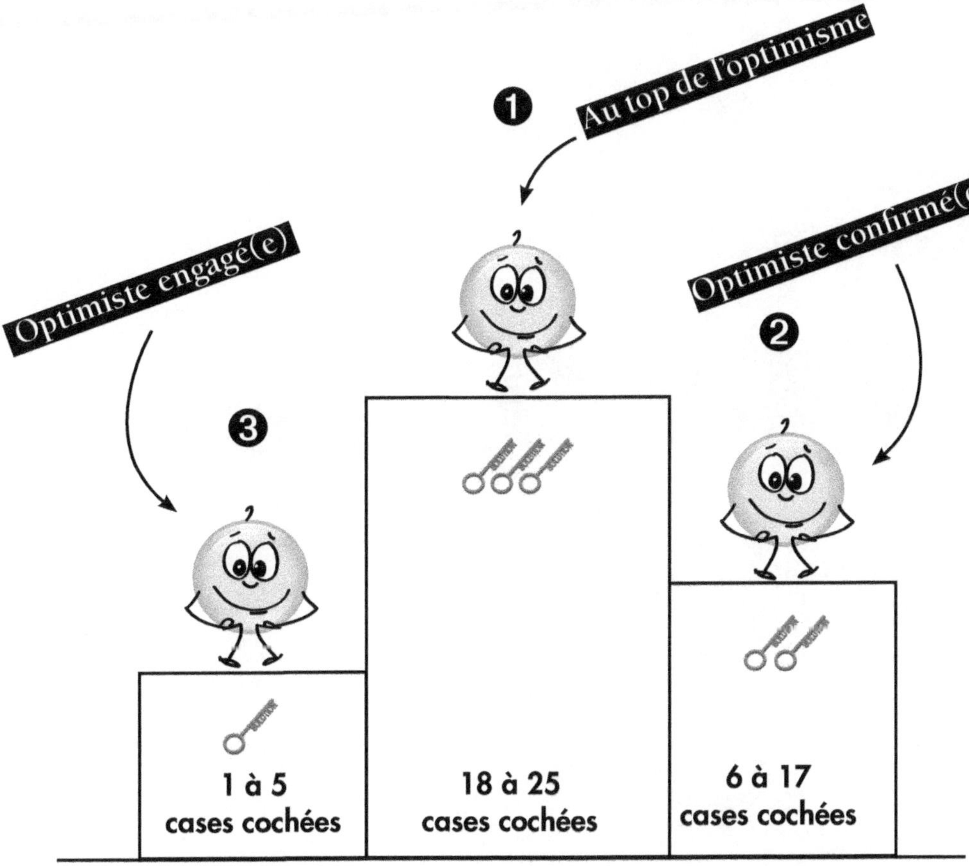

1
Au top de l'optimisme
2
Optimiste confirmé(e)
3
Optimiste engagé(e)
1 à 5
cases cochées
18 à 25
cases cochées
6 à 17
cases cochées

Table des matières

Achevé d'imprimer en France
par CPI Bussière
À Saint-Amand-Montrond (18)

Dépôt légal : août 2018
N° d'impression : 2037767